오십 대는
무엇으로
사는가

오십 대는 무엇으로 사는가

오십에 비로소 나로 살기 시작했다

초 판 1쇄 2024년 12월 19일

지은이 전민정, 오미경, 임명희, 애나, 김나경, 옐로우 캣, 조진숙
펴낸이 류종렬

펴낸곳 미다스북스
본부장 임종익
편집장 이다경, 김가영
디자인 윤가희, 임인영
책임진행 김은진, 이예나, 김요섭, 안채원, 장민주

등록 2001년 3월 21일 제2001-000040호
주소 서울시 마포구 양화로 133 서교타워 711호
전화 02) 322-7802~3
팩스 02) 6007-1845
블로그 http://blog.naver.com/midasbooks
전자주소 midasbooks@hanmail.net
페이스북 https://www.facebook.com/midasbooks425
인스타그램 https://www.instagram.com/midasbooks

ISBN 979-11-6910-989-5 03190

값 19,000원

미다스북스는 다음세대에게 필요한 지혜와 교양을 생각합니다.

오십에 비로소 나로 살기 시작했다

오십 대는
무엇으로
사는가

전민정 ｜ 오미경 ｜ 임명희 ｜ 애나 ｜ 김나경 ｜ 옐로우 캣 ｜ 조진숙

미다스북스

오십 대는
진정한 내 삶을
디자인하는 시기

인생 백 세 시대, 이제 막 반 바퀴를 돌았다. 공자는 오십 세를 지천
명(知天命)이라고 했지만 오십이 되고 보니 철든 사춘기를 지나는 느
낌이다. 몸은 순식간에 뜨거워졌다 차가워지며 체온조절에 이상이 생
겼음을 알리고 어떤 날은 지하철을 타러 계단 오르기도 버겁다. 자식
들은 다 커서 부모의 관심을 불편해하고 더 이상 우리의 손길을 달가
워하지 않는다. 좋은 시절은 갔나보다 아쉬워하다가 이제라도 늦지
않았다는 마음으로 다시 힘을 모아 용기를 낸 사람들이 있다. 여기 우
연히 글쓰기 모임에서 만나 자기 안의 소질을 발견하고 소명을 찾으
려 분투한 이야기를 모았다.

각자의 이야기를 들려주기는 했지만 이걸 응용하여 자신의 경우에
대입해 보는 것은 독자의 몫이다. 예를 들어 여고 시절 그렇게 가고

싶었던 미대 진학의 꿈을 40년 만에 이룬 조진숙의 글을 읽으면 자신이 성장기에 열망했던 것이 무엇인지 곰곰이 따져볼 수 있다.

반드시 멀리 가야 여행이 아니고 30년 동안 살아온 지역을 탐험해보는 김나경의 글을 따라가면서 가까운 내 주변부터 새로운 눈으로 재조명해 보아도 좋겠다. 지친 직장인이라면 임명희의 글에서 도움을 받을 수 있다. 우연히 발견한 그림책은 뿌리 깊은 든든한 나무가 되어주었고, 갈림길에서는 앞으로 나아갈 용기를 주었다.

성인이 된 뒤에 느닷없이 장애인이 된 경우도 있다. 오미경의 글을 읽다 보면 장애가 있다고 모두 절망하는 건 아니라는 걸 알게 된다. 그녀는 자신을 있는 그대로 받아들인 후 삶이 더 순조로워졌다며 우리를 격려한다. 주식 투자에 은근한 관심이 있던 독자라면, 순전히 독학으로 주식 투자에 입문하여 전문가 못지않은 식견을 갖춰나가는 옐로우 캣의 글이 커다란 힘이 될 것이다.

또한 뭐니 뭐니 해도 오십 대의 꽃은 여행과 봉사 활동에 있다. 전민정은 국내외 여기저기 다양한 살아보기 여행을 통해, 우리에게 많은 정보와 '언젠가는 나도….' 하는 막연한 소망에 불을 지펴준다. 이민 20년 차 애틀랜타에서 오십 이후의 삶은 남을 돕는 일에 쓰겠다고 그늘을 찾아가는 애나의 라이프에 이르면, 나이 들수록 남을 위하는 것이 나를 위하는 일임을 깨닫고 작은 일이라도 시작하게 될 것이다.

인생이 길어져서 우리는 또 한 번의 인생이라고 불러도 좋을 시간을 부여받았다. 여기 적어도 7개의 선택지가 있으니 이를 잘 참고하여 멋모르고 지낸 사춘기와는 다르게 주도적으로 내가 원하는 삶을 만들어 가는 첫걸음으로 삼았으면 좋겠다.

한때 내일을 위해 달려가는 삶이 중요해 나를 다그치며 살았다고 한다면 이제 현재를 소중히 여기며 즐겁게 살아도 되는 나이에 이르렀다. 뒤를 돌아보면 인생에는 다양한 길이 있었고 그 길 모두 의미가 있었다. 어쩌면 앞으로 기다리고 있는 새로운 도전과 여정이 생각했던 것만큼 순탄하지 않을 수도 있겠다. 하지만 마음을 흔드는 작은 물결을 따라가 보자. 삶에 단련되어 그 어떤 일도 담담하게 받아들일 수 있는 나이가 오십이다. 먼저 오십을 살아낸 우리의 경험이 독자가 가는 길을 열어주는 작은 길잡이가 되었으면 좋겠다.

목차

여는 글 오십 대는 진정한 내 삶을 디자인하는 시기   005

1.
오십에 진짜 살아보기 중입니다
| 전민정 |

아무튼 여행 그리고 살아보기   015

MBTI J와 P 사이   022

베트남에서 안 해본 거 해보기   026

순식간에 글로벌 인싸   030

무이네에서 MZ세대처럼   034

살아보기 아니라 놀아보기   039

살아보기 강사 데뷔   042

28년 만에 시드니   045

2.
청각장애는 내 인생의 디딤돌
| 오미경 |

난청의 시작   053

농인, 청인이 아닌 구화인   056

손으로 하는 대화   059

자전거를 배우듯 몸으로 언어를 배우다   063

자막이 있는 결혼식   066

나만큼 준비하고 연극 보러 온 사람 있으면 나와보세요   070

나를 잡아준 손과 내가 잡아줄 손   073

에스페란토어 말고 국제 수어   076

내가 나인 게 자랑스럽습니다   079

3.
그림책에서 찾은 오십 대의 위로
| 임명희 |

카카오톡 말고, 사내 톡 말고. 너의 목소리가 듣고 싶어   085

고양이를 떠나보낼 시간이 필요해   089

여든셋, 아흔둘. 부모님과 함께할 마지막 날들   093

딸들을 키우며 보기 시작한 그림책이 오히려 나를 키웠다   098

사오십 대 남자들과 과연 그림책을 함께 읽을 수 있을까?   102

사 개월을 사계절로 사는 법   106

4.

오십 이후엔 남을 돕는 일이 나를 돕는 일이다

| 애나 |

애나 님 손에 들어가면 하찮은 일도 귀해진다고요! 113

그때부터 삶이 숭고해졌다 115

북클럽은 나의 엔도르핀 120

미국에 오래 사니까 한국말도 안 되고 미국말도 안 돼요 123

북클럽 오래 하다 보니 남편을 안아주게 되었어요 125

내가 문학회 강단에 서는 것은 128

피닉스에 사는 인디언이 김치 불고기 잡채 다 좋아해요 133

남을 돕다 보면 삶이 더욱 귀해진다 136

5.

부산에 살지만 부산을 여행한다

| 김나경 |

나의 구서동 – 끝과 시작의 동네 145

동네 산책러에서 부산 여행자로 147

살고 있는 곳에서도 모험은 가능하다 151

안 가본 길로 가보자 – 두 번째 탐험은 영도 155

부산 갈맷길을 걸어요 161

부산에 오면 – 부산 바다 1번지 166

오십 고개 중간에 서다 172

6.

독학으로 주식 투자를 하며 대비하는 노후 계획

| 옐로우 캣 |

감 잡았어! 177

나의 성장을 달가워하지 않는 주변인들 182

단군 이래 가장 돈 벌기 좋은 세상 186

엉덩이가 무거운 돈 190

현금도 종목이다 193

기다리면 때가 온다 196

나만의 놀이터 있으세요? 199

몰라도 사는 데 지장 없지만 알면 삶이 더 풍요롭다 202

사십 대가 좋아? 오십 대가 좋아? 206

7.

나는 죽을 때까지 그림을 그리고 싶다

| 조진숙 |

그림은 돈 있는 집 애들이나 하는 거야 213

"어멈 그림 참 잘 그리네." 218

40년 전 그토록 가고 싶던 미대 입성, 드디어 '미대 언니'가 되다 221

엄마의 푸르던 날을 그려드린다 228

'문센' 동기들과 마음을 나누다 232

내가 그리는 그림 한 장이 나를 살게 해 240

마치는 글 우리들의 책은 이렇게 탄생했다 246

1.

오십에
진짜 살아보기 중입니다

| 전민정 |

아무튼 여행
그리고 살아보기

"엄마 또 어디 간 거야?"

"지금 의성 일주일 살아보기 중이야."

전역을 앞둔 말년 병장 아들이 휴가 일정을 조정하느라 전화할 때마다 계속 지방 살아보기라고 하니 대뜸 "엄마 여행 중독 아냐?"라고 되묻는다. 하긴 주변 지인들도 작년부터 틈만 나면 지방이나 해외 살아보기 중인 나에게 비슷한 얘기를 했다.

다행히 네이밍에 능한 모임 동생이 여행 중독 대신 '전국 도장 깨기'라는 멋진 표현을 붙여 주었다. '여행 중독'이든 '전국 도장 깨기'든 요즘 나의 최우선 순위는 '아무튼 여행'이다.

시작은 코로나로 한동안 못 간 여행 보상으로 비롯됐다. 몇 년간 강제 종료되었던 해외여행을 만회라도 하듯 다시 하늘길이 열리자, 고교 동창들과 그리스 9박 10일 여행을 준비했다. 우리는 떠났고 CF 광고 그대로 청량감 넘치던 산토리니에서 환상의 낙조에 거듭 감탄했다. 직접 보면서도 실감 나지 않아 비현실 CG 같았던 아테네 파르테논 신전과 메테오라 절벽 기도원은 그중 백미였다. 푸르른 지중해를 바라보며 신선한 지중해식 해산물 요리를 먹을 땐 천하를 다 얻은 듯 바랄 게 없었다.

여행 가기 전 요양 병원에 있는 엄마와 통화를 했다. 길지 않은 통화였다. 약간의 안부와 여행 잘 다녀오겠다는 일상의 얘기들. 2주 전 우리 집에 엄마가 다녀가신 직후라 더 그랬다. 긴 비행 탓에 잠을 거의 못 자서인지 한국에 돌아오니 너무 힘들었다. 엄마한테 전화할까 하다 '정신 차리고 내일 해야지.' 하며 전화를 미뤘다.

다음 날 예정된 고등학교 상담 수업을 끝내고 나오니 동생 전화가 여러 통 들어와 있었다. 엄마가 쓰러지셔서 중환자실로 옮겼고 의식이 없다고 했다. 어찌 이런 일이? 그렇게 엄마는 작별 인사도 없이 3일 만에 갑자기 우리 곁을 영영 떠났다. 여행에서 돌아와 바로 전화를 못 하고, 수업하느라 중환자실로 바로 달려가지 않은 내가 원망스럽고 원망스러웠다. 믿기지 않는 장례를 마치고 집에 오니 그제야 서럽고 슬픈 감정이 물밀듯이 밀려왔다. 세상 중요한 것처럼 매일 들여다보던 수첩 속 수많은 계획들은 엄마가 세상을 뜨자 아무것도 아니었다. 새로 시작한 부동산 중개법인의 첫 출근노, 꼭 해야 했던 학교 수업도 하지 않았지만, 세상은 아무 일 없이 잘 돌아가고 있었다. 그저 엄마만 세상에 없을 뿐이었다.

그때부터였다. 늘 엄청난 속도로 흐르던 시간이 이전과는 다르게 느리게 갔고 심지어 정지 상태였다. 꿈을 여러 번 꾼 것 같아 일어나면 깜깜한 새벽이었다. 하루 24시간이 이토록 길었던가. 아침에 일어나서 한참 시간을 보내도 아직 오전이었다. 누워 있거나 멍하니 TV를 틀어놓고 시간을 보냈다. 책을 잡아도 몇 페이지를 넘기지 못했다. 아무 의욕이 없었다. 하고 싶은 것도, 먹고 싶은 것도, 할 것도 없는 하루하루. 이전에는 시간이 너무 빨리 달아나 쫓아가는 삶이었다면 이제는 너무 느려 시간을 기다리다 지치기 일쑤였다. 둘 다 힘이 드는 건 마찬가지였지만 느린 시간이 몇 배 더 힘들었다.

그렇게 엄마를 허망하게 보내면서 나의 인생관은 180도 달라질 수밖에 없었다. 쓰나미처럼 갑작스럽게 몰려온 엄마의 죽음은 나에게 '인생 멈춤'이라는 문구를 확실히 각인시켰다. 미래지향적으로 바쁘게 열심히 사는 것이 최고 미덕이라 여겼는데 그것이 송두리째 흔들린 것이다. 생과 사는 동떨어진 것이 아니라 한 몸이자 경계선이라는 인식을 명확히 심어주었다. 그리고 불과 몇 개월 후 시누이의 갑작스러운 죽음까지 더해지니 '뭘 이리 애쓰며 살아야 하는 건지, 도대체 인생이 뭐지?' 하는 근본적인 물음이 시작됐다. 다시 밤이면 엄마가 소환되었고 잠이 오지 않았다. 지진 후 여진이 더 위험한 것처럼 일련의 비보들은 나의 가치관과 생각들을 계속해서 뒤흔들었다. 아무도 알

수 없는 내일을 위해 달려가는 삶보다 '지금 현재에 충실하자.'라는 생
각이 더더욱 확고해졌다.

여행으로 소환된 엄마와의 추억

마지막 인사를 하지 못한 엄마와의 추억을 차근차근 떠올리니 대
부분 여행으로 소환되었다. 엄마와 시어머니, 두 안사돈의 미국에서
한 달 살기는 엄마 인생 최고의 추억이었다. 결혼 직후 미국에 간 딸
과 아들을 두 분이 함께 보러 오면서 어려운 사돈에서 특별한 사돈이
되었다. 우리 부부는 공부와 일을 하는 틈틈이 두 분을 모시고 여행을
다녔다.

애틀랜타에서 유명한 코카콜라 기념관도 둘러보고 마틴 루터 킹 생
가도 방문하고 단풍이 한창인 노스캐롤라이나주의 스모키마운틴도
갔다. 여러 곳을 다니는 동안 두 분은 마치 오랜 자매지간처럼 서로의
팔짱을 낀 채 난생처음 미국 나들이에 흠뻑 빠져 얼굴에 미소가 떠나
지 않았다. 한국 슈퍼마켓에 가서 김칫거리를 사면서도 의좋게 의논
하는가 하면 생전 교회라고는 가보지 않은 친정엄마가 시어머니와 함
께 주일 예배를 드리러 교회를 가는 등 하루하루가 화기애애한 분위
기 그 자체였다.

여행의 백미는 미국 남부 지역 3박 4일 여행. 플로리다 올랜도의 디
즈니월드, 『칭찬은 고래도 춤추게 한다』로 유명한 씨월드, 마이애미

해변과 헤밍웨이가 『노인과 바다』를 저술했던 미국의 땅끝 마을로 일컬어지는 최남단 키웨스트까지 다녀왔다.

허리 시술로 2년 넘게 요양 병원에서 생활한 엄마는 기억도 어렴풋한 미국 여행을 문득문득 떠올리는 것만으로도 행복 지수가 높아졌다. 인생에서 그때가 가장 빛나는 순간이라고 주변 사람들이 누구나 느낄 정도였다. 여기에 학원 승합차로 전국 일주했던 여행들도 늘 그리워했다. 그 덕에 나는 엄마에게 언제나 최고 효녀 대접을 받았다. 한번은 서해, 이번엔 남해, 다음엔 동해 그렇게 몇 년을 돌아가며 여행했는데 그게 어느덧 전국 일주가 되었다. 그 여행들을 떠올리면 십여 년 전 돌아가신 아빠의 모습도 자연스럽게 상기된다. 지역 살아보기로 전국을 다니다 보면 부모님과 갔던 곳들의 추억들이 생생히 기억나는 게 오히려 신기할 정도다.

한창 뜨거웠던 8월, 어린아이들과 친정엄마, 아빠, 동생네 가족과 서해 만리포 해수욕장에 갔다. 엄마는 휴가 기간 내내 숙소에서 계속 맛있는 음식을 만들어 주셨다. 대가족의 휴가라 숙소에서, 바다에서, 식당에서 우리는 끊임없이 무언가를 먹었고 왁자지껄 흥겨운 소리가 났었다. 술을 많이 마신 다음 날 엄마가 끓여준 얼큰한 오징어찌개의 맛은 지금도 잊히지 않을 정도로 너무나 그립다.

그래서일까. 원래도 여행을 좋아했지만, 나의 모든 촉각과 관심사는 더더욱 여행으로 향했다. 아무튼 여행은 갑작스럽게 잠시 멈춤으

로 무기력해진 일상에 비타민 같은 존재로 내 곁에 꼭 필요한 존재가
되었다.

인생 변곡점, 여행으로 길을 찾다

돌이켜보면 인생 변곡점마다 여행이 있었다. 학원 생활 17년, 아니
사회생활 23년을 접고 안식년이 시작되었다. 안식년 시기에도 역시
가장 행복할 때는 틈틈이 떠나는 국내외 여행이었다. 며칠간의 단기
여행이지만 낯선 곳에서 새로운 나를 발견하는 그 시간은 정말 소중
했다.

그 무렵 '여행은 살아보는 거야'라는 광고 카피에 이끌려 나라별, 도
시별로 '한 달 살아보기'를 버킷리스트에 빼곡히 적어놓고 혼자 미소
짓곤 했다. 2019년 큰아이 수능을 앞두고 수험생 엄마로서 긴장된 하
루하루를 보내던 시기. '남원 가실래요?'라는 운명적 문구에 끌려 지역
살아보기에 처음 참여하게 되었다. 결혼하고 누구의 아내, 누구의 엄
마로 살아오면서 독립적이었던 '나'의 존재는 하나둘 지워져 갔다. 특
히 대입을 앞두고 그동안 엄마로서 해온 역할의 첫 평가를 받는다고
생각하니 하루하루가 힘들었다.

그때 잠시 도피처럼 떠났던 남원 살아보기. 남원에서 내가 누구 엄
마인지, 어떤 일을 하는지 말하지 않았다. 그 순간만큼은 내가 좋아하
는 것에 대해, 나의 꿈에 관해 이야기했고 그래서 더욱 행복했다. 서

어나무 숲에 가서는 숲 얘기를, 혼불문학관을 견학하고 온 날은 온통 책과 작가에 관한 이야기를 나눴다. 그리고 막 인생 2막을 어떻게 열까, 고민하고 있던 나에게 인생 선배들은 많은 조언을 해주었다.

지리산의 둘레길만큼이나 다양한 인생길이 있으며 그 길들은 모두 의미 있고 어느 길을 선택하든 많은 것들이 기다리고 있다고. 모두 산 꼭대기 정상으로 향하는 가파른 길만을 선택하지 않아도 완만한 둘레길을 천천히 걸어가도 산을 충분히 즐길 수 있다고. 처음 떠났던 남원 살아보기는 나의 인생 후반전의 중요한 변곡점이 되었다.

요즘은 주로 한 지역에 머무는 정주형 살아보기를 하고 있다. 낯선 여행지에서 만나는 나는 생각보다 더 다채로운 모습을 갖고 있다. 새롭고 힘든 도전에 주저하지 않고 자기 주도적인 나를 발견할 때는 스스로 기특해지기도 한다. 생경한 지역에서 다양한 사람들을 만나면서 내 마음도 훨씬 많이 열리고 있다. 여행 덕분에 경험치와 관계망이 점점 넓어지고 있는 것은 가장 큰 수확이다.

MBTI J와 P 사이

첫 해외 호찌민 2주 살기를 준비하면서 일생일대의 변화가 일어났다. 보통은 여행 가기 훨씬 전부터 항공과 호텔을 예약하고 일정까지 완벽하게 짜놓는다. 아울러 맛집 리스트와 카페도 적절히 배치하는 것은 물론이다. 여기에 동남아 여행의 꽃 마사지까지 추가하고도 부족한 게 없나? 체크하며 계속 보완한다. 마치 여행자라면 이 정도는 해야 하는 무슨 법이라도 있는 것처럼. 그런데 이번에는 떠날 날짜가 촉박하게 다가오는데도 아무것도 하지 않았다.

평소 무슨 여행 계획을 그렇게 세밀하게 짜냐며 잔소리하던 남편이 오히려 '왜 아직도 항공 예약을 안 했냐?'며 '진짜 가는 거 맞냐?'고 몇 번이나 물었다.

"이제 계획 안 세우고 여행해 보려고. 계획 세우는 데 너무 많은 시간을 쓰고 지키려고 또 스트레스 받는 J형 인간 피곤해. 그냥 현지에서 하고 싶은 거 하는 P형 인간으로 살아볼까 해."

그동안 여행 다니며 세부적인 계획까지 세우고 거기서 벗어나면 큰일 날 것처럼 생각했다. 그러다 작년 가을 친구들과 호텔만 예약하고 호찌민을 갔는데 너무 편하고 힐링이 되었다. 심지어 아무 일도 일어나지 않았고 오히려 더 기억에 남는 여행이 되었다.

불과 6개월 전 다녀온 호찌민에 두 번째 방문이니 마음이 한결 여유로웠다. 더구나 살아보기 버킷리스트였던 베트남 현지 조사를 겸해 그곳 삶을 체험하는 것이 목적이니 이래저래 여행 스타일을 바꿀 절호의 기회인 셈이다.

"와, 갑자기 제주항공 특가가 떴네. 지난번 나온 것보다 가격이 훨씬 좋은데."

운 좋게 설 명절을 앞두고 제주항공 특가 찬스로 항공권을 예매하니 기분이 하늘로 올라갔다. 나도 모르게 스멀스멀 올라오던 J형 습관을 억누르고 P형 인간으로 개조하는 와중에 받은 첫 번째 선물로는 꽤 괜찮은 보상이다. 이참에 슬슬 호텔도 예약해 볼까. 그런데 아뿔싸. 장바구니에 담아두었던 호텔은 어느새 가격이 저만치 올라가 있다. 또 한 곳은 예약 불가.

'어, 이러면 안 되는데.' P형 인간으로 살고자 그렇게 결심했건만 호텔 사이트를 몇 번 들락거리는 동안 어느새 눌러놓았던 J가 전투 채비를 갖추고 다시 등장할 기세다. 그렇다면 현지 투어도 다 마감되는 거

아냐? 새로운 사랑을 약속했던 P는 어느새 도망간 지 오래고 나의 오랜 연인 J가 나타나 불안 심리를 부추긴다. 조급한 심정에 사이트를 들락거리며 장바구니에 담아놓고 예약까지 하고 나니 마음이 조금 편해졌다.

호텔을 결정하니 맛집을 찾게 되고 자연스럽게 현지 투어 리스트까지 마무리했다. 요즘 MZ세대는 트래블월렛을 사용한다던데. 이참에 트래블월렛도 신청해야겠다. 그동안 어떻게 참은 건지 본격적인 J형 인간으로 자연스럽게 변환이 된다. 처음 의도와 다르게 하루하루 여행 리스트를 정리한 엑셀 파일이 쌓여갔다. 결국 여행을 하루 앞두고 맛집, 현지 투어, 마사지, 뉴 트렌드 이발소 리스트까지 빼곡히 준비되어 있다.

이쯤 되니 스스로에게 질문이 생겼다. 그렇게 쉽게 다시 예전 J로 돌아간 것인가? 그건 확실히 아니다. J를 갑자기 손절할 수는 없지만 P의 행복을 알기에 이제는 J로 다시 돌아가고 싶지도 않다. 젊은 시절 노래 제목 〈사랑과 우정 사이〉처럼 'J와 P 사이'라고나 할까.

여행지를 '가본 것'과 '살아보는 것'은 완전히 다르다. 이제는 가본 것에서 벗어나 살아보기를 진짜 제대로 해볼 참이다. 베트남은 그동안 나에게 3번 '가본 곳'으로 남아 있는데 이번 살아보기를 통해 베트남의 참모습을 조금이나마 생생히 느껴보고 싶다. 그렇게 2주 살기를 잘 해내면 한 달 살기, 1년 살기로 자연스럽게 이어질 테니까.

모 여행사 광고 중 '여행에게 사랑받을 준비 되셨나요?'가 있다. 호찌민 여행을 앞두고 J와 P 사이 힘겨운 줄다리기를 하고 있지만 한 가지 확실한 건 여행에게 아니 베트남에게 사랑받을 준비 완료다.

베트남에서
안 해본 거 해보기

날씨 앱이 고장 난 줄 알았다. 매일 똑같은 기온 최고 36도, 최저 26도. 비도 한 번 안 오는 뜨겁고 더운 날의 연속이다. 한국에서라면 30도 넘는 날씨에 절대 집 밖에 나가지 않는 것이 철칙인데 여기선 작열하는 직사광선을 뚫고 매일 걷고 또 걷고 있다.

이번 호찌민 살아보기는 '안 해본 거 해보기'가 최대 미션이다. 사이공 강변을 오가는 수상버스를 타기로 했다. 박당 선착장까지 버스를 타고 갈 계획이다. 버스 정류장에 사람이 별로 없다. 우리와 할머니 한 분만 버스를 기다릴 뿐이다. 그랩이 워낙 싸다 보니 관광객들은 거의 버스를 탈 일이 없다. 호찌민 1군 중심지에는 우리나라처럼 버스 중앙 차선이 설치되어 있다. 버스 도착 전광판은 없지만 앱 시간에 맞춰 기다리던 버스가 왔다.

베트남 버스 역시 앞에서 타고 뒤로 내린다. 특이한 것은 버스 차장.

차장을 보니 드라마 '1988' 시절로 돌아간 듯한 착각에 빠진다. 여행 가이드북에는 잔돈을 준비하지 않으면 바가지를 쓴다고 했는데 막상 타보니 그럴 일이 없다. 일단 버스 앱에 차비가 얼마인지 나오고 돈을 내면 차장이 카드 단말기에서 영수증을 발행해 주니 그런 걱정은 필요 없다. 버스비는 대략 300원에서 350원. 노선별로 차이가 있다. 에어컨이 구비된 시원한 버스에서 더위를 식히며 주위를 돌아보니 승객은 주로 할머니와 학생들이다. 오토바이가 대세인 베트남에서도 나이가 들면 오토바이를 탈 수 없으니, 할머니들과 어린 학생들이 주된 버스 승객들인가 보다. 정류장 옆에는 우리나라처럼 공유 자전거도 있다. 버스에서 내린 학생들이 공유 자전거로 갈아타고 어디론가 달려가고 있다.

박당 선착장 앞에는 우리나라 이순신 장군 같은 베트남 구국 영웅 쩐흥다오 장군 동상이 있다. 13세기 말 몽골의 침략을 세 번이나 막았고 육지와 바다에서 크게 활약한 BBC 선정 세계 100대 전략가로 뽑힌 베트남의 영웅이다.

박당 선착장 앞에 내리니 무려 왕복 10차선이 보인다. 둥근 교차로를 향해 달려오는 오토바이 군단이 많아 보기만 해도 무서울 지경이다. 처음 베트남에 오면 신호등과 상관없이 달려오는 오토바이 때문에 길 건너는 게 가장 힘든 미션이다. 길을 건너다 무서워 중간에 멈춰 서거나 뒷걸음질이라도 치면 여기저기 울려대는 경적에 더 놀라게 된다. 그래도 하루 이틀 지나면 나름의 규칙을 익히게 되고 자연스럽게 길을 건너게 된다. 남편과 손을 잡고, 최고 난도 10차선을 건너고 나니 자신감이 확 올라온다. 길을 건널 때마다 무서워 어쩔 수 없이 남편과 손을 꼭 잡게 된다. 덕분에 사이가 좋아졌다고 고마워해야 하나. 위기 커플들의 관계 회복 프로그램으로 베트남 길 건너기를 추천한다.

수상버스는 왕복 단돈 1,500원으로 사이공강을 크루즈 투어하는 특별한 경험을 선사하기 충분하다. 강 옆으로 우리나라 1990년대 이전과 비슷하게 한창 건설이 진행 중이다. 시계를 몇십 년 전으로 돌려놓은 거 같아 잠시 옛 추억에 잠긴다.

한인들이 많이 사는 푸미흥에 가기로 했다. 오늘도 역시 버스를 탔다. 7군 쪽으로 들어서니 길도 넓고 분위기가 고급스러운 한인촌이 보인다. 특이하게 그 많던 오토바이가 거의 보이지 않는다. 한국어 간판들과 유명 프랜차이즈 간판들 사이로 말끔한 차림새의 한국인들이 보인다. 동네 겉모습만으로는 여기가 한국인지 베트남인지 헷갈릴 정도다.

점심으로 무얼 먹을까 고민하는데 어디선가 맛있는 냄새가 난다. 밥에 구운 돼지갈비와 야채를 얹어 먹는 '껌땀' 노점이 눈에 띈다. 현지인 맛집인지 기다리는 사람도 테이크아웃하는 사람들도 많다. 오늘은 껌땀에 도전해 보기로 한다. 현지식 껌땀에 도전하려는 한국인이 기특했는지 베트남 사람들이 엄지 척 하며 온몸으로 먹는 방법을 가르

쳐준다. 단돈 1,500원짜리 껌땀을 둘이 나눠 먹는다. 기분 좋은 포만
감을 느낄 정도로 양도 충분하고 맛도 훌륭하다. 껌땀도 먹었으니, 후
식은 노상 카페에서 아이스 까페 스어다와 슈거 케인 음료이다. 호찌
민 온 지 며칠 만에 길거리 음식을 이렇게나 잘 먹다니. 완전 베트남
체질이다.

　여행 전부터 J와 P를 오가며 계획을 수정했는데 현지에 도착해 계
획 상관없이 '안 해본 거 해보기'에 최대한 충실한 것이 이번 여행의 가
장 큰 수확이다. 겁내지 않고 도전한 새로운 경험들로 해외에서 살아
보기 레벨이 아주 조금은 올라간 거 같다.

순식간에
글로벌 인싸

베트남 가기 전부터 꼭 해보고 싶은 투어가 있었다. '스트리트 푸드 스쿠터 투어'. 베트남 현지인들과 스쿠터를 같이 타고 재래시장을 돌며 현지 음식 10가지를 체험하는 투어다.

저녁 6시, 우리를 데리러 호텔로 온 가이드들은 무척이나 밝은 베트남 MZ세대였다. 영어로 경쾌하게 인사를 나누고 남편은 남자, 나는 여자가 운전하는 스쿠터 뒤에 타고 집결지로 향했다. 엄청난 오토바이 행렬이 퇴근 시간이라 더더욱 온 도로를 가득 메우고 있다. 내가 직접 운전하는 것도 아닌데 거대한 오토바이 부대에 합류해 거리를 누비니 마치 현지인이 된 거 같다. 처음엔 두려움과 긴장으로 손잡이를 꽉 쥐었지만 이내 리듬을 타며 온몸으로 스릴을 만끽하고 있다. 뜨거운 직사광선이 내리쬐는 36도 대낮의 호찌민과 저녁의 호찌민은 분위기가 사뭇 다르다. 선선한 바람이 기분 좋게 불어와 스쿠터 타는 맛을 배가시킨다. 가끔 오토바이를 탄 현지인들과 눈인사도 나누고 미소도 건네는 여유가 생겼다. 오토바이 대열이 무서워 매번 길 건너는 것을 '챌린지'라고 생각하는 이방인에게 이것은 분명 특별한 경험이다. 오늘 투어팀은 단출하게 우리 부부와 호주 관광객 2명이다. 베트남 가이드 4명을 포함해 총 8명이 본격적인 투어에 나섰다.

첫 번째 방문지는 틱꽝득 스님 추모 공원이다. 틱꽝득 스님은 1963년 불교 탄압에 맞서 분신자살했다. 당시 가톨릭 신자였던 대통령이 불교 탄압을 심하게 했는데 이에 맞서 항거한 스님을 추모하기 위해 만든 공원이다. 스님의 사망은 남베트남 정권의 몰락과 베트남전쟁의 도화선이 된 엄청난 사건이었다고 한다. 가이드는 설명 후 당시 세계 토픽이었던 스님 분신 영상을 보여주었다. 너무도 처참한 영상에 놀랐지만, 역사를 알고 나니 평범했던 공원이 의미 있게 다가온다.

처음 먹은 음식은 멍키바나나에 찹쌀 반죽을 입힌 후 불에 구운 음식이다. 에피타이저인 셈인데 위에 달콤한 연유를 뿌려 새콤달콤 쫀득한 맛이 일품이다. 처음 먹어보는 신기한 맛이라 엄지 척만 연신 해댔다. 같이 온 호주 관광객들도 'yummy'를 수없이 외쳐댄다. 신기하게 호주 사람들과 베트남 사람들 모두 한국어 '먹방'을 알고 있다. 오늘 '먹방 하는 날'이라고 하니 고개를 끄덕이며 웃음을 터뜨린다.

두 번째 간 곳은 분팃느엉 원조 맛집이다. 분팃느엉은 쌀국수의 종류로 비빔 쌀국수라고 이해하면 될 거 같다. 국수 위에 새우와 얇게

썬 고기, 프레이크가 있고 스프링롤, 다양한 야채를 함께 준다. 면에 따로 제공된 소스를 섞어 먹는다. 뜨거운 육수도 주는데 비빔 쌀국수와 육수를 번갈아 먹는 맛이 좋다.

또 베트남 피자라고 불리는 반트랑 느엉. 라이스페이퍼 위에 야채와 다양한 토핑을 얹어 불에 구운 피자이다. 도우가 빵이 아니라 쌀이라 맛이 더 담백하다. 동그란 틀에 다양한 토핑을 얹어 부침개를 만들어 주는 미니 반쎄오 반깐은 베트남 부침개 반쎄오의 또 다른 버전이다. 과자처럼 엄청나게 바삭해 기존의 반쎄오와는 전혀 다르다.

스프링롤 형태인 보라롯은 양념한 다양한 고기를 '라롯'이라는 잎에 싸서 구운 요리다. 우리나라 떡갈비 비슷한 맛인데 안에 소고기, 돼지고기, 닭고기 등이 들어간다.

이 밖에 쌀을 튀긴 뻥튀기, 여러 가지 색깔의 찹쌀 도넛 등 다양한 음식들을 먹었는데 현지 음식이라 이름을 제대로 기억해내긴 힘들지만 분명 모두 맛있었고 이 투어 아니면 먹어보기 힘든 음식들이었다. 마지막은 유명한 로컬 반미 집이었는데 결국 배가 불러 더 이상 못 먹고 포장을 요청했다. 진짜 마지막은 달걀 푸딩에 커피를 얹은 아포가토 스타일의 디저트. 다행히 디저트 배가 남았는지 멋지게 먹방 피날레를 장식한다.

스쿠터 투어로 새로운 베트남 음식을 먹는 것보다 더 좋았던 것은 현지인들과 그들의 문화를 공유한 점이다. 가이드들은 시장 골목골목을 함께 걸으며 호찌민의 역사와 문화를 자세하게 말해주고 또 말해준다. 맥주와 음료를 마실 때마다 영어, 베트남어, 한국어로 건배를 외치며 오래된 친구처럼 왁자지껄 떠들며 웃음을 쉴 새 없이 터뜨렸다. 그렇게 우리는 나라별 세대별 서로의 장벽들을 조금씩 허물어 갔다. 그 순간 잠시나마 '젊은 날의 나'로 돌아간 듯한 환상에 빠졌다. 그건 정말 오랜만에 느껴보는 자유로운 해방감이었다. 야시장 옆 꽃 시장에서 다양한 꽃도 구경하고 오래된 가옥과 골목을 돌아보며 스쿠터 타기와 먹방, 걷기를 반복하다 보니 4시간이 훌쩍 지났다.

특히 투어를 함께한 호주 관광객들과 급격히 가까운 친구가 되었다. 내가 팔찌를 사야 한다고 하니 차고 있던 팔찌를 선뜻 선물로 줘 나를 감동하게 했다. 또 딸이 시드니에 있는 걸 알게 되자 시드니에 오면 자기 집으로 초대하겠다고 했다. 그리고 한국에 관심이 높아 나에게 질문을 많이 한 베트남 가이드들과도 페이스북 친구가 되었다. 베트남 살아보기를 가면서 새로운 친구 사귀기가 미션이었는데 호주와 베트남 친구들까지 새로운 인연을 많이 만들었다.

호주에 있는 딸에게 전화해 호주 친구의 초대를 받았다고 하자 "베트남에 있는 엄마가 어떻게 호주 사람 초대를 받았냐?"며 의아해서 묻는다.

"엄마가 호주 배낭여행한 이십 대부터 글로벌 인싸인 거 몰랐어?"

28년 만에 재발견한 나의 글로벌 인싸력이 다시 빛을 발할 것 같다.

무이네에서
MZ세대처럼

호찌민에서 2주 살기를 한다고 했을 때 한국 사람과 외국 사람의 반응은 정반대다. 대다수의 한국 사람은 "너무 아깝지 않아요? 달랏이나 냐짱까지는 가봐야지요?"라고 조언한다. 반면 외국인들은 2주면 여유 있게 호찌민을 볼 수 있겠고 시간이 된다면 한 달 정도 머물면 더 좋을 거라고 한다.

한 곳에만 머물겠다고 계획했지만 아무래도 한국인의 피가 흐르는지라 근교 여행을 아예 포기할 수는 없었다. 그래서 선택한 무이네. 호찌민에서 차로 3시간 30분 정도 거리에 바다와 화이트와 레드 사막이 있는 MZ세대 인스타 성지로 유명한 곳이다.

현지 여행사가 가성비가 좋다는 정보를 듣고 현지 여행사를 찾았다. 비용이 저렴하기도 하거니와 최대한 현지 경험을 해보기로 여행 콘셉트를 잡았으니 당연한 선택이었다. 대부분 한국인들은 무이네까지 프라이빗 밴을 많이 이용하는데 우리는 슬리핑 버스로 갈 계획이다. 그런데 슬리핑 버스를 타고 가는 것부터 난관이다. 1군 '한 카페'로 가라고 해서 당연히 카페 이름인 줄 알았다. 알고 보니 '한 카페'는 우리나라 'ㅇㅇ고속' 같은 베트남 고속버스 회사 이름이다. 사람들에게 물어 물어 '한 카페'에 도착하니 터미널이라는 말이 무색하게 작은 사무실에 사람들이 모여 있다. 안 그래도 좁은 입구에, 고속버스에 싣고 갈 각양각색의 짐들이 사람 수보다 더 많이 쌓여 있다.

말로만 듣던 슬리핑 버스. 누울 수 있게 침대 형태로 된 좌석이 세 개씩 위아래로 빼곡히 놓여 있다. 좋은 버스는 침대마다 커튼으로 구분이 된다고 하는데 우리 버스는 완전 개방형이다.

슬리핑 버스에는 신발을 벗고 맨발로 탑승해야 한다. 신발을 담을 노란 비닐봉지와 물 한 병을 나눠주며 기사 조수가 승객들을 일일이 자리로 안내한다. 내 자리는 중간 뒤쪽 1층이다. 좌석은 침대 형태로 눕혀져 있고 아래쪽에 신발이나 짐을 둘 수 있는 작은 공간이 있다. 간이 베개와 담요도 구비되어 있다. 그런데 담요며 베개, 유리창 커튼까지 어느 하나 깨끗한 것이 없다. 나름 청결한 비행기에서도 한숨도 못 잤는데 과연 이런 곳에서 잠을 잘 수 있을까? 시간이 지나자, 하나둘 잠을 청하는 사람들이 보인다. 남편도 잠이 든 거 같다. 그런데 아이러니한 것은 비행기와 호텔에서도 쉽사리 잠을 못 자던 내가 불편하고 깨끗하지 않은 슬리핑 버스에서 어느새 잠이 들었다는 사실이다. 심지어 꿀잠을.

구글맵에 내릴 곳이 가까워진 거 같아 운전기사에게 물으니 우리 리조트를 들어본 적이 없다고 한다. '무슨 소리야? 버스 타라고 할 때는 언제고?' 영어로, 번역기로, 그리고 보디랭귀지로 물어도 모르겠다고 한다. 버스에 남은 손님은 이제 몇 명 없다. 이러다 못 내리는 건 아닌지 초조감이 극에 달할 무렵 드디어 리조트에 도착했다. 아침부터 모든 기를 다 소진해 버린 느낌이다.

호찌민과는 사뭇 다르게 휴양지 분위기가 물씬 풍기는 무이네 리조트를 보니 지금까지 고생한 수고가 순식간에 사라진다. 게다가 리조트에 손님이 거의 없어 이국적 감성의 넓은 수영장도 식당도 온통 우리 차지다. 도착하자마자 멋진 분위기의 식당에 우리만을 위해 차려 낸 베트남 가정식이 나왔다. 흰밥에 새우볶음, 먹음직스러운 닭볶음에 나의 최애 모닝글로리까지 정성 어린 한 상이다. 무이네 리조트에서 시골 할머니 밥상 같은 진짜 베트남 가정식을 만나니 저절로 얼굴에 미소가 번진다.

아직은 어둠이 남아 있는 새벽 4시. 베트남 투어가이드가 파란 지프차에 우리만 태우고 화이트 샌듄으로 거침없이 달려간다. 서늘한 새벽바람을 가르며 달려간 화이트 샌듄은 이미 사람들로 가득하다. 여행객 중 상당수는 한국인, 그것도 거의 MZ세대다. 저 위 사막까지 추가 비용을 내고 ATV를 타라고 한다. 가파른 모래사막을 엄청난 속도로 질주하는 ATV가 마치 롤러코스터를 방불케 한다. 아침부터 하도 소리를 질러 목이 쉴 지경이다.

화이트 샌듄에 도착해 사진도 찍고 구경도 하며 1시간쯤 기다려도 고대하던 해는 나오지 않는다. 결국 구름 뒤로 숨어버린 해를 아쉽게 보내고 레드 샌듄으로 향한다. 모래 슬라이드를 대여하는 베트남 할머니가 거듭 권유해 결국 남편만 타기로 했다. 슬라이드를 탄 대가인지 할머니는 우리 부부의 전속 사진사를 자처한다. 프로 사진사처럼 수많은 포즈를 알려주며 자세를 잡게 하고 사진을 찍고 또 찍어준다. 신혼여행을 방불케 한 최고 인생 샷을 선사한 할머니에게 작은 팁을 건넨다.

다음 행선지로 가기 전 해안도로에 지프차를 세운 가이드가 연출하는 대로 지프차 위에서 다양한 포즈로 사진을 찍었다. 덕분에 무이네에서 우리는 또 한번 최고 인생 샷을 건졌다.

아침에 갓 잡아 온 생선을 갯벌 포구에서 판매하는 피싱 빌리지, 또 다른 MZ 포토 샷 성지 요정의 샘도 최대한 천천히 거닐어본다. 일출 투어는 새벽부터 이 모든 코스를 4시간가량 가이드와 함께 다니는 투어이다.

투어를 마치고 리조트로 돌아가는 길에 조금은 친해진 가이드가 "오늘 여기 온 사람 중 너희가 최고 연장자 같은데."라고 농담을 건넨다.

나는 놀라는 척 "헐, 그래도 첫 번째는 아니고 두 번째라고 해줘."라고 응답했다.

  하지만 첫 번째면 어떻고 두 번째면 어떠하리. 현지 슬리핑 버스
로 용감하게 무이네 투어를 성공적으로 해냈으니, 열정만큼은 우리가
MZ 아니겠는가. 리즈 시절 열정을 오랜만에 소환해 낸 무이네 투어가
그래서 더더욱 특별하다.

살아보기 아니라
놀아보기

"살아보기가 아니라 완전 놀아보기네요."

강진에서 체험한 사진들을 여행 모임 대화방에 보냈더니 바로 답글이 달렸다.

"놀아보기? 오 좋은데! 그럼 오늘부터 살아보기 아니라 놀아보기야!"

강진에 대한 기억은 거의 없던 터라 강진 살아보기가 더욱 기대되었다. 특히 이번 살아보기는 강진 현지인들의 집에 머물며 그들이 차려 주는 아침 식사를 제공받는 프로그램이다. 처음엔 달빛 권역 한옥 마을, 두 번째는 다산초당과 가까운 한옥에 3박 4일씩 숙소를 정했다. 각각의 숙소에는 도착한 날 저녁과 3일간 아침, 총 4번의 식사가 제공된다. 6박 7일 동안 신선한 로컬 푸드로 만든 8번의 현지 식사를 먹을 수 있다는 것만으로도 충분히 새로운 체험이다.

월출산 자락에 위치한 강진 한옥 마을은 고풍스러운 모습으로 탄성을 자아내기에 충분했다. 널찍한 마당에 기품 있게 자리한 한옥에 머무르며 강진 이곳저곳을 둘러볼 예정이다. 문을 열자마자 눈앞에 월출산 자락이 시원하게 펼쳐지고 발랄한 새들의 지저귀는 소리와 신선한 공기가 종합 선물 세트처럼 다가온다. 도착한 날 준비해 주는 특별식 저녁 식사도 감사하지만 매일 아침 새벽부터 식사를 준비하는 주인장의 노고에 감동이 밀려든다. 아침마다 부엌에서 들려오는 경쾌한 칼질 소리와 맛있는 음식 냄새가 이곳에서의 알람이다. 솜씨 좋은 주인장이 척척 차려내는 남도 밥상은 입을 떡 벌어지게 만든다. 늘 요거트와 과일로 아침을 간단히 때우는 남편은 밥상 앞에서 너무 행복한 표정이다. 나 또한 정성 가득한 아침상을 받으니 어린 시절 엄마표 밥상이 저절로 떠오른다.

남도의 봄 풍경은 서울과 사뭇 다르다. 벚꽃이 떨어지며 어느새 푸른 잎들이 무성해진 서울에서 5시간을 달려 도착한 남도에는 아직 봄이 한창이다. 아직 여기저기 만개한 벚꽃이 먼저 반갑게 인사를 한다. 서울에서는 조금 생소한 노란 수선화 군단이 화사하게 이방인을 반긴다. 이름도 처음인 서부 해당화의 분홍빛이 어우러진 남도의 봄은 무척이나 다채롭고 화려하다. 월출산 밑으로 끝없이 펼쳐진 푸르른 녹차밭과 그 옆을 수놓은 노란 물결 유채꽃 그리고 형형색색 철쭉까지 봄꽃들의 향연에 연신 카메라를 누를 수밖에 없다.

강진 살아보기에서 특별한 체험을 했다. 나만의 음반 제작. 가수들이 곡을 녹음하는 진짜 녹음실 시설을 갖춘 강진 오감통에서 노래를 부르면 프로듀서가 음을 보정해 준 뒤 음원을 보내주는 것이다. 온갖 장비들이 즐비한 넓은 녹음실에서 프로듀서가 우리를 맞이하는데 전문가 포스가 느껴진다. 프로듀서는 2번의 노래를 부를 수 있다며 한 명씩 녹음실에 들어가라고 안내한다. '편하게 살아보기 왔는데 이런 걸 왜 하냐.'며 손사래 치는 남편을 설득해 녹음실에 들여보냈다. 그런데 이게 웬일. 남편은 두 손을 맞잡고 마이크 앞에서 진짜 가수가 된 것처럼 진심으로 노래를 부르고 있다. 심지어 본인에게 주어진 2번의 기회를 넘어, 한 번 더 노래를 부르겠다고 한다. 기다리느라 살짝 긴장되었는데 남편의 진지한 모습에 피식 웃음이 나온다.

드디어 내 차례. 둥근 마이크 앞에 서니 잠깐이지만 진짜 가수가 된 거 같아 기분이 묘하다.

'날개를 활짝 펴고 세상을 자유롭게 날 거야, 노래하며 춤추는 나는 아름다운 나비.'

윤도현밴드의 〈나는 나비〉를 목청껏 부르고 녹음실을 나와 부른 노래를 들어본다. 조금은 어색하지만, 새로운 체험으로 한껏 상기된 나의 목소리에서 자유와 해방감이 묻어난다. 이렇게 강진에서 살아보기 아니 다양한 놀아보기를 하며 강진을 제대로 즐기고 있다.

살아보기 강사 데뷔

"양천구민들을 위한 교양 강좌 한 번 해주실래요?"

"무슨 주제로요?"

"살아보기 많이 가시니까 지방에서 한 달 살기 어떠세요?"

얼떨결에 강의 의뢰를 받고 살아보기 강의를 하게 되었다. 사실 여행이나 살아보기 유튜버나 전문가들에 비하면 한참 햇병아리인 내가 살아보기 강의를 덥석 하게 된 것은 나의 무대포 정신이 한몫한 셈이다. 처음엔 망설였지만 내가 살아보기에 다녀오면 살아보기 관련 정보에 대해 궁금해하는 사람들이 많음을 떠올렸다.

'그래, 그동안 지인들에게만 주던 정보를 공식적으로 나눠주는 셈 치자.'라고 생각하니 조금 마음이 편해졌다.

3월 호찌민 2주 살기를 다녀오고, 4월 강진 일주일 살기, 5월 시드니 열흘 살기까지 마무리되자 강의 날짜가 어느새 코앞에 다가와 있었다. 두 시간을 개인 경험으로만 채울 수도 없는 노릇이고 큰 아웃라인이라도 나와야 PPT를 만들 텐데 마음이 조급해졌다. 급할수록 돌아가라고 하던 조언을 떠올리며 주변 지인들에게 일대일로 자문을 구했다. 살아보기 강의에서 무엇이 가장 궁금한지 그리고 무슨 내용을 가장 듣고 싶은지. 내가 살아보기 강의를 한다는 것을 아는 지인들이 아낌없는 응원과 함께 의견들을 마구마구 투척해 줬다.

드디어 강의 날. 살짝 걱정이 되었지만, 심호흡을 크게 하고 속으로 파이팅을 외쳤다. 청중의 대부분은 은퇴하신 나이대의 분들이었다. 이분들 앞에서 전문가인 척하지 말고 차라리 나의 경험담을 진솔하게 나누자고 생각하니 마음이 편해졌다.

50플러스의 '남원 가실래요?' 문구에 운명처럼 이끌려 2019년 처음 남원에 간 것이 살아보기 시작이었다. 그리고 남원에서의 활동들을 모아 『남원에서 살아보기』 책을 공저로 출간했다. 그 후 인제 살아보기 프로그램에 참여해 『인제에서 살아보기』 책도 공저로 출간했다. 인제에 다녀온 후 관계인구 팬슈머(팬과 컨슈머의 결합)가 되어 주기적으로 인제에 방문하여 농산물도 사고 그 지역민들과 교류하고 있다.

남원과 인제가 50플러스 주관으로, 단체로 활동한 살아보기라면 작년부터는 개인적으로 살아보기를 다니고 있다. 작년 가을 금산에서 일주일 살기, 의성, 충주, 태안 어케이션을 다녀왔고 올해는 강진, 여수와 순천 등 전남 지역을 다녀왔다. 최근 각 지자체가 운영하는 지역 살아보기 프로그램이 매우 많은데 경비를 전액 지원해주는 것부터 일주일에 10만 원 정도 실비를 받는 곳까지 다양하다. 이 경비로 숙박 식사와 체험까지 모두 해결되니 그야말로 최고의 혜택이다. 지자체마다 한 달 살기라는 이름으로 외지 사람들을 모으지만 보통 5박 6일 이상만 머물면 된다. 블로그나 인스타, 페이스북 SNS 구독자 수가 선발에 영향을 많이 미치지만, 그와 별개로 선착순이나 자소서를 잘 쓰면 선발되는 프로그램도 꽤 많다.

화창한 5월 그것도 나른한 오후 2시에 귀한 시간을 내어 나의 강의를 듣겠다고 와주신 분들을 위해 준비한 최선의 강의를 했다. 강의 후 많은 질문이 쏟아졌고 나는 아는 범위 내에서 성의껏 정보를 나누어 드렸다. 반응이 나쁘지 않아 내년에도 강의해 달라는 요청도 받았다. 무작정 여행이 좋아서 시작한 지역 살아보기에서 강사로 데뷔까지 하니 자신감 뿜뿜이다. 그나저나 다음엔 어디를 갈까? 밥 먹으며 바로 무엇을 먹을까 고민하는 먹방러처럼 살아보기에 진심인 나도 다음 여행지를 고민 중이다.

28년 만에 시드니

이번 호주 시드니 여행은 목적이 있는 여행이다. 우선 호주 유학 중인 딸을 만나 그리운 집밥 해주기. 두 번째는 호찌민에서 만나 페이스북 친구가 된 호주인들을 시드니에서 만나는 것이다. 이제 겨우 백 일 남짓 호주 생활 중인 딸은 처음 설렘과 긴장감을 지나 슬슬 한국을 그리워하는 중이었다. 원래 8월이나 호주에 갈 계획이었지만 딸의 요청으로 급히 일정을 조율했다. 이왕이면 딸이 필요할 때 가는 게 좋을거 같다는 판단에서였다. 딸을 위해 수화물 한도 내에서 필요한 겨울옷들과 한국 음식을 최대한 챙겼다. 그러다 보니 내 짐은 최소화했는데도 불구하고 어느 때보다 챙겨야 할 짐이 많았다.

호주에 간다고 하자 시드니 친구들이 숙소 찾기에 나보다 더 열성이다. 내 예산을 물은 뒤 그에 걸맞은 다양한 숙소를 찾아 거의 매일 정보를 보냈다. 그들은 우리 가족에게 호주 해안 드라이브와 식사를 제안했다. 한국에서부터 그들과 만날 D-day를 염두에 두고 계획을 세웠다. 친절한 그들을 위한 특별한 선물을 하고 싶었다. 한국을 알리면서도 괜찮은 선물이 뭐가 있을까? 역시 여행 모임 동생들에게 SOS를 치니 좋은 아이디어가 나왔다. 한국 자개 문양이 새겨진 텀블러를 추천받았다. 그리고 호주 친구가 취미로 수집한다는 야구 모자도 준비했다. '대한민국'과 '대장'이라고 한글로 쓰인 야구 모자, 여기에 한국의 대표 간식 김과 약과. 그리고 마스크팩 등을 준비했다. 이왕이면 다홍치마라고 예쁜 포장을 하고 싶어 고민하던 차에 금손 동생이 천사 역할을 자처했다. 덕분에 하나하나 센스 있고 기품 있게 멋진 선물이 완성되었다.

비행기에서 영 잠이 오지 않았다. 분명 목적이 있는 여행임에도 불구하고 나는 어느새 추억의 시간 여행을 하고 있었다. 28년 전 호주 배낭여행을 감행한 겁 없던 이십 대의 나를 만나는 중이었다. 잘 다니던 잡지사를 그만두고 뉴질랜드 어학연수를 가겠다고 하자 아빠는 절대 안 된다며 반대에 반대를 거듭했다. 그도 그럴 것이 결혼 적령기의 딸이 갑자기 회사를 그만두고 느닷없이 외국이라니? 당시 아빠 가치관에서는 절대 있을 수 없는 날벼락이었을 것이다. 부모님 말씀을 웬만하면 거스른 적 없던 맏딸은 처음으로 반항이라는 걸 했다. 아빠와의 대치가 길어지자 엄마는 내 편을 들었지만, 아빠는 의외로 강경했다. '그렇게 가고 싶으면 호적을 파라.'는 폭탄선언까지 했지만 나는 아빠를 원망하며 끝내 가겠다고 고집을 부렸다. 당시 함께 어학연수를 준비한 친구들은 모두 부모님의 허락을 받은 터라 나의 선택만 기다리고 있었다.

아빠의 반대에도 아랑곳없이 나는 그동안 모아놓은 돈으로 뉴질랜드 어학연수를 감행했다. 그토록 꿈꾸던 어학연수여서 그런지 부모님 마음은 헤아리지 못한 채 하루하루 즐겁게 지냈다. 짧은 어학연수라 더더욱 그러했을 것이다. 뉴질랜드 연수를 마치고 너무 아쉬워 호주 배낭여행을 하고 가겠다고 엄마한테 전화했다. 엄마는 예상보다 꽤 많은 돈을 부쳐주셨고 덕분에 나는 시드니에서 케언즈까지 3주 배낭여행을 신나게 하고 돌아왔다. 한국에 가서야 그토록 나의 어학연수를 반대하던 아빠가 은행에 가서 여행 경비를 손수 부쳐주었다는 것을 알게 되었다.

시드니에서 아빠를 떠올리다

시드니공항에서 딸을 기다리며 돌아가신 아빠가 생각났다. 아빠 덕분에 나는 생애 처음 시드니에서 케언즈까지 호주 배낭여행을 할 수 있었다. 시드니라고 쓰인 하얀 티셔츠를 입고 오페라하우스 앞에서 나는 너무 환하게 웃고 있었다. 그날 저녁 미스 사이공 뮤지컬도 보았다. 브리즈번에서는 코알라와 캥거루를 만났고 그 시절 흔치 않았던 번지점프도 용감하게 했다. 케언즈에서는 래프팅하느라 얼굴이 까맣게 탔지만, 세상을 다 가진 듯 즐거운 모습이었다. 한국에 돌아가서는 호주 배낭여행기를 쓴 덕분에 원하는 잡지사에 바로 입사하게 되었다.

잠시 후 시드니 곳곳에서 패기 넘치는 리즈 시절의 나를 만난다는 생각만으로도 가슴이 두근거렸다. 시드니에서 일정은 하루하루 꿈처럼 너무 빠르게 지나갔다. 특히 오랜만에 만난 딸과의 여행이라 더더욱 시간이 아쉬울 정도로 흘러갔다. 여행의 중반쯤 호주 친구들을 만나는 날이었다. 계속 날씨가 좋지 않았는데 이날은 유독 비가 많이 내렸다.

아침 일찍 호텔로 픽업 온 호주 친구와 본다이 비치부터 시드니 동부 해안을 둘러보았다. 친구가 예약해 둔 본다이 비치 뷰가 멋진 레스토랑에서 우리는 양고기와 피시 앤 칩스를 먹었다. 저녁에는 선셋 뷰가 일품인 해산물 레스토랑으로 갔다.

드디어 선물 전달식. 선물 하나하나에 서양인들 특유의 활기찬 리액션으로 생큐를 수없이 외쳐주니 주는 사람으로서 너무 흡족했다. 우리는 호찌민 여행부터, 시드니, 한국에 대해 많은 얘기를 나누었다. 나는 그들에게 한국 여행을 추천했다. 그들은 지금껏 한 번도 한국을 여행할 생각을 못 했는데 나와 친구가 되면서 한국에 관심이 커졌고 내년 봄 한국 여행을 할 계획이라고 했다. 그리고 호주에 있는 딸의 든든한 가이드가 되어주겠다고 해 나를 감동시켰다.

이제부터 진짜 살아보기

한국으로 돌아오는 비행기. 또 다른 이유로 잠이 오지 않았다. 10일 간의 시드니 여행으로 나는 타임머신을 탄 것처럼 과거의 나와 생생하게 조우했다. 열정적이고 거침없던 젊은 나를 만났고 그런 나를 그들의 방식대로 지지해 주던 오십 대의 부모님도 만났다. 이제 시간이 흘러 과거 내가 있던 자리에 딸이 서 있고, 나는 어느새 오십 대의 부모가 되었다. 시드니에서 과거 시간 여행을 다녀오면서 조금은 아빠의 마음을 알게 되었다. 나의 지지자였던 부모님은 이제 세상에 안 계시고 당시 부모님만큼 나도 나이가 들었다. 예전 부모님이 그러하듯 나는 나의 방식대로 딸을 응원하며 오늘을 살아갈 것이다.

인생은 이렇게 흘러가고 때론 덧없지만 여행으로 이렇게 현재를 최대한 즐겁게 살다 보면 다가올 미래가 조금은 덜 두렵고 덜 서러울지도 모른다. 다시 세월이 흘러 오늘을 기억할 때 그때는 그랬지 하며 흐뭇하게 지금을 추억하면 좋을 거 같다.

오십 대가 되니 지금까지와는 다른 방식으로 살아보고 싶기도, 무엇인가를 다시 시작해 보고도 싶다. 몸도 마음도 힘든 갱년기에 내가 생각하는 잘 사는 방법은 거창한 것이 아니다. 지금, 이 순간 하고 싶은 일을 하며 즐겁게 사는 것이면 충분하다. 나는 여행과 살아보기를 하며 나의 방식대로 이 시기를 슬기롭게 관통하고 있다.

앞으로도 나는 여행을 떠나고 어딘가에서 살아보기를 하고 있을 것이다. 떠나 보니 내가 알지 못했던 다양한 길이 보였다. 이제 '가장 나답게' 나에게 펼쳐진 다양한 길들을 한 발 한 발 즐겁게 내디뎌볼 것이다. 내 인생에 대한 예의이자 가장 최우선 계획은 그래서 결국은 여행이다. 남은 인생을 잘 살기 위해 나는 오십에 진짜 살아보기 중이다.

2.

청각장애는
내 인생의 디딤돌

| 오미경 |

난청의 시작

언제부터 안 들렸는지 모르겠다. 학교에 들어가기 전에 가족들과 지낼 때는 꼭 들어야 하는 중요한 일이 별로 없어서 아무 문제가 없었다. 아주 조금씩 난청이 진행되었고 초등학교에 입학해 선생님의 호명에 대답하거나 친구들과 대화할 때 제때 대꾸를 못해 당황했던 것 같다. 그럴 땐 아무 일도 없는 듯이 어물쩍 넘어갔다.

못 들은 걸 들은 척했던 경험으로 내 머릿속에 남아 있는 첫 번째 기억은 초등학교 신체검사 때였다. 청력검사를 하면서 선생님이 초침이 있는 시계를 뒤쪽에서 양쪽 귀에 번갈아 갖다 대고 들리는 쪽의 손을 들라고 했다. 평소 상황으로 보건대 초침 소리가 들릴 리가 없어 선생님의 행동 패턴을 유심히 관찰했다. 한 아이의 왼쪽, 오른쪽 귀의 청력을 검사하면 그다음은 오른쪽 먼저, 그다음에 왼쪽, 그다음은 다시 왼쪽 오른쪽 이런 순서로 선생님이 손을 움직이는 걸 보고 내 차례에 시계 초침이 어느 쪽에서 들릴지 예측하고 손을 들었다. 아이들이란 잔인한 존재여서, 조금이라도 자신들과 다른 게 있으면 그냥 내버려 두지 않고 놀릴 거라고 생각해 튀지 않으려고 애썼다.

나이 들수록 오른쪽 귀는 난청이 점점 심해져 아예 안 들렸고 왼쪽 귀로만 듣다가 이마저도 약해져 사십 대에 보청기를 끼기 시작했다. 그전에는 못 듣는 걸 크게 의식하지 않고 살다가 아이들이 모두 대학에 간 후에 재취업을 하게 되면서 장애인이라는 자의식이 생겼다. 처음엔 구직 활동을 적극적으로 하지 않고 있었는데 한 매장에서 자꾸 문자가 왔다. 구인 문자를 보자 별생각 없이 '한번 해볼까?' 하고 이력서를 넣었다. 서류 전형에 합격했으니 면접을 보라는 연락이 왔다. 세 명의 면접관이 일곱 명의 지원자를 대상으로 하는 단체 면접이었는데 이상하게 말이 술술 나왔고 결과는 합격이었다.

일주일쯤 지났을 때 나는 같이 일을 시작한 다른 분에게 난청이 있어서 잘 듣지 못한다고 말했다. 직원들의 단톡방에서도 난청인데 얼굴을 보고 입 모양으로 대화를 나누면 되니 양해를 부탁드린다고 이야기하고 며칠이 지났다. 토요일 근무가 끝나갈 무렵 본부에서 직원이 오더니 나를 제외한 나머지 사람들을 따로 모이라고 했다. 전날 회식에 불참한 게 문제가 되었나 보다 생각했다. 주말을 지내고 월요일에 점장이 나를 카페로 불렀다. 다른 분에게서 호출이 있을 거라고 미리 귀띔을 받은 후였다. 점장은 내가 난청인 것을 면접 때 왜 미리 알리지 않았냐며 해고를 통보했다. 난청이라고 말했으면 뽑아주지도 않았을 터였다. 장애가 있어도 아예 못 듣는 건 아니어서 문제가 되지 않을 거라고 판단했다.

그때까지 살면서 난청 때문에 불편하긴 했지만 문제가 된 적은 없었다. 다른 사람들처럼 일반 학교를 거쳐 대학을 졸업했고 결혼해서 아이를 낳고 평범하게 살아왔는데 어느 날 갑자기 날벼락이 떨어졌다. 나는 점장 앞에서 눈물을 펑펑 쏟았다. 그날 이후 나는 청각장애인으로 다시 태어났다. 다시 그 이전으로 돌아갈 수는 없었다. 점장은 나를 청각장애 때문에 같이 일할 수 없는 사람으로 지목했고, 내가 점장이 속한 세계에서 비장애인인 양 행동한 것을 해고의 이유로 읊었을 때, 쏟아지는 눈물 속에서 그 사실을 받아들일 수밖에 없었다. 장애가 겉으로 드러나지 않는데 내 입으로 '나는 청각장애인입니다.'라고 먼저 말하지 않았기에 졸지에 장애를 숨긴 거짓말쟁이가 되었다.

농인, 청인이 아닌
구화인

2014년 이전에는 '나는 장애인이 아니다. 그저 조금 못 들을 뿐이다.'라고 생각했다면 이후에는 '나는 장애인이다. 잘 듣지 못한다.'라는 말로 만나는 사람들에게 나를 드러냈다. 아이들 학교에서 하는 학부모 모임에 초반에 열심히 나가다가 뒤로 갈수록 출석이 뜸해졌는데 그 이유는 오가는 대화 내용을 못 알아듣기 때문이었다. 불과 몇 년 전만 해도 척척 알아듣고 모임 후기까지 재밌게 쓰는 일을 도맡아서 했는데 다 한때였다. 나이를 먹으면 난청도 같이 진행되어 더 못 듣게 된다더니 진짜 그랬다.

전에는 누가 나더러 '못 알아들으시는 것 같은데 안 들리세요?' 하면 기분이 나빴다. 내 청력이 안 좋은 데 도와준 것도 없으면서 웬 참견인가 하고 화부터 났다. 몇 년 전 내가 다니는 모임에서 청각장애라 힘들다고 하소연하니 어떤 분이 '무슨 소리예요? 미경 님은 정상인보다 더 정상인 같으세요.'라고 했다. 나를 위로하는 말인 줄은 알았지만, 그 말도 불편했다. 그분한테 장애는 정상과 비정상의 문제가 아니며 정상인이라는 용어 자체가 잘못되었다고 설명했다. '정상'이라고 사람을 판정하는 기준이 애매모호하기 때문이다. 이렇게 한때는 장애인이란 말을 싫어했지만 이제는 내가 장애인이라는 걸 먼저 드러내는 게 대화에 도움이 되기 때문에 청각장애가 점차 익숙하고 당당해졌다.

수어를 모어로 쓰는 청각장애인을 '농인'이라고 하고 귀가 잘 들리는 사람을 농인들은 '청인'이라고 부른다. 성인이 된 이후에 장애가 생겼고 수어보다 구어를 많이 사용하는 나 같은 사람은 농인이라고 하기 어렵다. 잘 듣는 것도 아니어서 청인도 아니다. 농인들은 나 같은 사람을 '구화인(음성언어를 쓰는 사람)'이라고 한다.

장애인 등록을 하니 편리한 점도 많았다. 복지 혜택이 많아 생활비를 절약할 수 있었다. 수어를 배운 뒤로는 농인 커뮤니티를 알게 되었는데, 농인 세계의 내부자로 받아들여진 것은 아니지만 청인의 반대편에서 같은 공통점을 가지고 있는 사람들에게 속하게 되었다. 해고 이후 청인의 세계에서 배제되었다는 생각에 열심히 다니던 교회도 멀리하고 농인들과 어울렸고 일자리도 농인과 관련된 일을 구하기로 마음먹었다. 서울 지역에서 일을 찾아보니 장애인고용공단에서 지원을 받아 청각장애인 근로자의 일을 보조해 주는 근로지원인 제도가 있다는 사실을 알게 되었다. 같은 청각장애인이지만 내가 전화도 할 수 있고 조금 더 잘 들을 수 있어서, 다른 청각장애인의 근로 업무를 보조해 주는 근로지원인 일을 시작하였다.

일터에는 농인 직원이 있고 청인들도 있었다. 그분들과 달리 나는 청인도 아니고 농인도 아닌 어정쩡한 입장이었다. 실제로 내 상태가 새도 아니고 쥐도 아닌 박쥐같이 느껴졌는데 어느 한 편에 끼기 어려워도 감수할 수밖에 없었다. 오히려 중립적인 위치에서 일하게 되니 눈치를 볼 필요가 없어서 좋았다. 그것도 이만큼 나이를 먹어 배짱이 두둑해지지 않았으면 불가능했을 것이다.

손으로 하는 대화

　오십이 다 된 나이에 장애인으로 살기로 결심했을 때 나는 무척 절망스러웠다. 여태까지 살아온 방식을 바꾸고 새롭게 시작하기엔 너무 늦은 것 같았다. 그렇다고 주저앉아 있을 순 없었다. 문득 공무원 시험장에서의 일이 떠올랐다. 젊을 때 잠깐 공무원이었던 적이 있어 다시 취업하려고 공무원 시험을 보았다. 시험장에서 중요한 안내를 못 들어서 실수할까 봐 청각장애인으로 접수했는데 시험장에 가니 수어로 안내하고 있었다. 나는 손을 들고 수어를 모르니 구어로도 안내해 달라고 부탁했다. 그때 처음으로 청각장애인에게는 수어가 꼭 필요하다는 것을 알았다.

　그래서 서울시에서 지원하는 수어전문교육원에서 수어를 배웠다. 처음에는 오전에만 다니다가 점차 시간을 늘려 입시생처럼 하루 종일 교육원에 머물면서 공부했다. 가르치는 선생님 중에는 농인이 있었는데 그분들과 수어로 대화를 나누는 즐거움을 알게 되었다. 어린아이가 말을 배우듯이 하나부터 열까지 따라 하며 배워야 해서 기억이 나지 않거나 모르는 수어가 나오면 선생님을 졸졸 따라다니면서 물었다.

새로운 언어를 배우는 것은 재미있었다. 농인 세계에 들어가 이분들과 어울리다 보니 듣지 못한다는 것이 절망할 정도로 큰 문제는 아니라는 생각이 들었다. 일상생활의 불편함을 나름대로 해결하여 잘 사는 농인들이 대부분이어서 감탄하면서 배운 점이 한둘이 아니다. 요즘은 복지 서비스가 좋아져 관공서나 병원에 갈 일이 있으면 수어 통역사를 통해 통역 서비스를 받을 수 있고 할 말이 있으면 필담을 나누거나 문자를 보내면 된다. 농인 중에는 수어로 소통하는 데 자부심을 느끼는 사람이 많은데 농인 문화는 청인 문화와 다르다. 어쩌면 소수 민족이라고 이해하는 게 정확할지도 모르겠다.

농인은 듣지 못하는 사람이라기보다 보는 사람이라고 긍정적으로 이해할 수 있다. 초인종이나 전화기의 벨이 울리면 불빛이 깜빡이는 걸 보고 감지한다. 교실이나 강연장 같은 곳에서 농인의 주의를 끌기 위해 벽에 붙은 전구의 스위치를 껐다 켰다 하면 집중하라는 신호로 알고 수어로 수다를 떨다가도 무슨 일인가 하고 무대로 시선을 돌린다.

농인들이 많지 않다 보니 친구들도 멀리 떨어져 살아 자주 만나기 어려운 경우가 많아 한 번 모임을 하면 헤어지기가 힘들다. 1차로 카페에서 만나 수어로 이야기하다 보면 시간이 금방 간다. 벌써 시간이 이렇게 되었냐며 자리를 파하고 일어서도, 카페 문밖에 서서 한 시간 더 수다를 떤다. 그러고도 발길이 안 떨어져 자꾸 뒤돌아보는 게 농인들의 문화다.

지하철을 타면 마주 앉아 있을 때 가장 대화하기 편하다. 100미터 떨이져 있어도 손이 보이기만 하면 대화할 수 있기 때문이다. 막차 시간이 가까웠을 때 사람이 별로 없는 지하철에서 수어로 대화한 적이 있다. 수어를 하면 어차피 눈에 띄기 때문에 다른 사람들이 쳐다보는 것도 개의치 않는다. 자리 앞에 서 있던 사람이 내가 맞은편에 앉아 있는 다른 농인을 잘 볼 수 있도록 슬그머니 옆으로 비켜서 주기도 한다. 기본적으로 농인들은 감정을 얼굴로 표현하는 게 수어 내용 전달에 중요한 요소이기 때문에 조금만 웃기는 얘기를 할 때면 개그맨이 따로 없다. 흉내를 내도 그렇게 잘 낼 수가 없다. 상상해 보라. 무표정한 얼굴로 하는 우스갯소리와 오만가지 표정을 다 지으며 하는 우스갯소리 중 어느 쪽이 더 웃길지.

지금은 청인 회사에 다니고 있어 농인들을 만날 기회가 별로 없는데 어쩌다 지하철에서 농인들을 보면 먼발치에서 무슨 얘기를 하는지 궁금해 슬그머니 고개가 자꾸 돌아간다. 농인은 멀리 떨어져 있어도 대화 내용을 알아볼 수 있기에 조심하는 편이다. 그리고 아무리 많이 모여서 수다를 떨어도 소리 없이 조용히 대화할 수 있어서 이런 분위기에 익숙해지면 시끄러운 공간에서 오래 버티기 힘들다.

요즘 젊은 농인들은 나이 든 농인들에 비해 훨씬 삶이 편하고 풍요로워진 것 같다. 휴대전화로 소통하는 세상이 되니 모두가 문자를 주고받는 데 익숙해져 전화를 걸지 못하는 불편함이 크게 줄었고 수어와 한국어의 거리도 많이 좁혀졌다. 학교에서 신청하면 수업 시간에 수어 통역이나 문자 통역 지원을 받을 수도 있다. 게다가 요즘은 방송에서 수어로 통역해 주는 게 필수다. 농인을 이렇게 신경 써주는 시대는 처음이다. 사람들이 손바닥 위에 엄지를 올리고 찍은 '덕분에' 인증사진이 기억난다. 이 수어는 코로나 방역을 위해 애쓰는 사람들을 존중하는 손 모양인데 이 수어처럼 농인이 존중받는 시대가 되어 그 상징적 의미가 크다.

자전거를 배우듯
몸으로 언어를 배우다

수어를 배우는 과정은 너무 재미있어서 이렇게 재밌게 살아도 되나 싶었다. 얼굴 근육을 움직여 표정을 만들고, 손가락으로 약속한 기호를 외우고 표현하는 게 야구 감독이 선수들과 사인을 주고받는 느낌 같기도 하고 수수께끼를 푸는 과정 같기도 했다.

수어 강사는 농인도 있고 청인도 있었는데 청인 선생님 중 TV 뉴스에서 수어 통역으로 화면 오른쪽 아래 원 안에 출연하는 분들도 계셨다. 농인 선생님도 여럿이었는데 나는 그중 한 선생님이랑 친했다. 학교 다닐 때 칠판에 선생님이 필기하면 꼭 손을 들고 맞춤법이 틀린 글자가 있다고 지적하는 아이가 있는데 그게 바로 나였다. 그 버릇을 남 못 줘서 수어 수업 때도 강의 내용이 사실과 다르다고 생각할 때는 손을 들고 서툰 수어로 열심히 문제를 제기했다. 선생님은 그런 나를 미워하지 않고 의견을 경청해 주셨고 자신이 틀렸다고 생각하면 주저하지 않고 인정해 주셨다.

수어 강의는 칠판에 적힌 수업 내용을 잠깐 사진으로 찍을 수는 있지만 촬영하는 것은 금지되었다. 그런데 배운 수어 내용을 필기하는데는 한계가 있다. '예쁘다'의 수어 표현을 배운 날 필기하는 방법을 예로 들어보겠다. '검지를 뺨에 대고 반 바퀴 돌린다'라고 길게 쓰다 보면 수업을 따라갈 수 없다. 수어로 '형'이나 '오빠' 등의 손위 남자 형제를 표현하는 방법은 우스갯소리로 자주 쓰인다. 형이란 수어는 중지를 세워 위로 치켜드는 것인데 이것은 욕을 의미하는 제스처와 같다. 제일 긴 손가락을 위로 올려 손위 남자 형제를 표현하는 건데 이럴 때 '손가락 욕'이라고 필기해 두면 나중에 무슨 모양을 뜻하는지 쉽게 알아볼 수 있다.

이렇게 수어 강의의 내용을 일일이 쓰는 게 번거로워 수업이 끝나고 집에 도착하기가 무섭게 핸드폰의 셀카 모드로 그날 배운 내용을 촬영해 두었다. 자료가 점점 쌓이다 보니 수백 편이 넘어 따로 저장해 두었는데 지금도 가끔 꺼내 보면 내가 이때는 정말 열심히 살았다는 생각이 든다. 매번 같은 자리에서 책상 위의 핸드폰 화면을 보며 수어로 녹화했는데 시간의 흐름에 따라 머리 모양이 조금씩 바뀌거나 옷만 다르게 입고 있다. 국제 수어(International Sign)를 배울 때는 너무 새로워 집에 오는 동안 잊어버릴까 두려워 늦은 시간까지 강의실에 남아 복습 녹화를 했다.

2년 넘는 기간 동안 단상에 서서 수어로 배운 내용을 발표하고 동영상을 찍는 동안에는 거의 배우가 된 기분이었다. 이전의 나는 숫기 없고 사람들 앞에 나서기를 두려워하던 사람이었는데 지금은 그렇지 않다.

그 누구라도 수어를 배우게 되면 이런 과정을 거쳐야 하는데 새로운 경험을 해보고 싶다면 수어를 배워보라고 권하고 싶다. 농인 선생님에게 수어를 배우면 성격이 외향적으로 바뀌고 하나라도 더 알려고 애쓰다 보면 감추어진 열정이 드러난다. 게다가 손으로 하는 활동은 뇌에 자극이 되어 치매 예방에도 좋다. 실제로 농인들은 늙어도 치매에 잘 걸리지 않는다고 한다.

자막이 있는 결혼식

　딸의 결혼식을 준비하고 있을 때 걱정이 하나 있었다. 넓은 홀 같은 곳은 소리가 사방으로 퍼져 무대에서 하는 말을 알아들을 수가 없다. 금이야 옥이야 키운 딸의 인생 최대 경사인데 들러리가 되고 싶지 않았다. 고민하다가 딸에게 걱정을 털어놓았다. 연단에서 축사나 신랑·신부가 하는 말이 오가게 될 텐데 나는 알아듣기가 힘들다. 결혼식장에서 멍하니 앉아 있다가 오기는 싫으니 방법을 생각해 보자고 했다.

　자라면서 엄마가 못 들어서 딸이 불편할 때도 많았을 것이다. 문득 떠오르는 일이 있다. 뉴질랜드에서 잠깐 살다 돌아올 때 나는 잘 못 듣는다는 핑계를 대며(실은 영어 회화 실력이 딸보다 못해서) 집에 있는 가구나 차를 사겠다고 문의하는 전화를 딸한테 받아달라고 했다. 살림을 팔아야 해서 지역신문에 광고를 냈는데 그 광고에 대한 전화가 쏟아지던 때였다. 그때 딸은 초등학교 5학년이었다.

지금 생각해 보니 고작 열두 살 아이한테 너무 큰 부담을 지운 것 같다. 딸은 1년 3개월 동안 배운 영어로 현지인에게서 오는 전화를 받으며 가격을 흥정했고 집을 찾아와 가구를 가져가는 사람들을 상대했다. 나는 그저 옆에 같이 있는 게 다였다.

부모가 농인인데 귀가 들리는 자녀를 '코다'라고 하는데 이 아이들은 일찌감치 철이 드는 편이다. 부모가 듣지 못하기 때문에 말문이 트이자마자 부모와 같이 다니며 다른 청인의 말을 듣고 부모에게 수어로 전달하는 경우가 많다. 부동산에 가서 집을 구하는 상황에서 어린 아이가 통역하는 경우를 상상해 보자. 부모가 수어로 '너무 비싼 것 같아. 좀 깎아달라고 해봐.'라고 말하면 아이는 그 말을 처음 보는 어른에게 전한다. 아이의 말을 들은 사람은 아이를 상대로 대화해야 한다는 걸 알아차리고 이 가족을 얕잡아 보기 마련이다. 그러나 어쩌랴. 달리 도와줄 사람이 없으니 아이에게 의지하는 수밖에. 아이는 무서워 움츠러들 때도 많고 어떤 때는 무슨 의미인지도 정확히 모르고 통역해야 하는 때도 있었을 것이다.

나는 조금 듣는 편이지만 아이들과 같이 외출할 때 놓치는 말이 있으면 상대방의 얼굴에서 눈을 떼고 딸아이를 바라보며 도와달라는 신호를 보냈다. 내 표정을 보고 상황을 짐작한 아이는 내가 놓친 말을 다시 들려준다. 그래서 어쩌면 나랑 같이 다니기가 불편하거나 싫었을 수도 있다. 그 생각이 지금 글을 쓰면서 처음 떠오르는 걸 보면 나도 참 무딘 사람이다.

결혼식장에 친구, 시집 식구와 모르는 친지들을 잔뜩 모아놓고 '우리 엄마는 청각장애인'이라는 걸 드러내고 싶었을까. 나 같으면 싫었을 것 같다. 하지만 딸은 절대로 그런 내색을 하지 않았다. 서울시에서 운영하는 문자 통역 서비스를 신청해 결혼식 순서를 문자로 통역하여 무대 화면에 올리자고 제안하니 흔쾌하게 그러자고 했다. 사위도 찬성했고 사돈어른들도 양해해 주셨다. 무료 서비스라 비용이 따로 들어가지 않았고 예식 전에 문자 통역사가 미리 와서 결혼식장의 기기와 자리 배치를 확인하고 사전 연습을 했다.

결혼식 날엔 나 외에도 청각장애가 있는 손님이 몇 분 계셨다. 식이 시작되기 전에 사회를 보는 딸 친구가 문자 통역에 대해 안내했다. 문자 통역사 선생님은 사회자 옆에 앉아 노트북에 사회자가 하는 말을 입력했고 그 말은 그대로 무대 위 화면에 떴다. 처음엔 특이하다고 생각한 사람도 있었을 것이다. 그러나 곧장 어떤 상황인 줄 알아채고 적응했을 것이다. 신랑·신부 부모의 어린 시절 사진과 신랑·신부가 성인이 되기까지의 사진이 올라오는 화면과 함께 노래가 흘렀다. 배경음악이 잘 들리지 않는 분들도 화면에 뜬 가사를 보며 시를 읊는 기분으로 신랑·신부의 삶을 돌아보았다.

결혼식이 끝나자 모두 이구동성으로 예식이 참 좋았다며 칭찬해 주셨다. 예식의 순서를 문자로 대하니 메시지가 선명했고 손님들 모두 엄마를 위해 자막을 준비한 딸과 사위의 따뜻한 마음을 눈치챈 것 같았다. 나눠준 종이에 인쇄된 성혼 선언문을 다 같이 읽으며 신랑·신부의 앞날을 축복해 주셨다.

생판 모르는 사람의 결혼식을 위해 통역을 해준 통역사 선생님도 정말 고마웠다. 비용은 서울시에서 보조해 준다고 해도 다른 손님과 다를 바 없이 대접하고 싶었는데 바쁜 일이 있는지 식사도 안 하고 가신다고 해서 아쉬워하며 부랴부랴 준비한 선물을 싸서 드렸다. 통역사 분들이야말로 이런 통역 일을 하면서 그 누구보다 보람을 많이 느낄 것 같다.

나만큼 준비하고 연극 보러 온
사람 있으면 나와보세요

첫째 동생 생일에 막냇동생이 연극 표가 있다며 혜화동에 가자고 했다. 공짜로 연극을 보게 되어 좋았지만, 걱정부터 앞섰다. 대사를 거의 알아들을 수 없기 때문이다. 고민하다가 대본을 구해야겠다는 생각이 들었다. 구하기 어려운 대본은 지인을 동원해 찾기보다는 알아서 구해야 했다.

공모전 입상작이라고 해서 도서관에 있는지 찾아봤지만 없었다. 영상자료원 도서관이 생각나 거기도 찾아봤지만 없었다. 마지막으로 서초동에 있는 아르코예술기록원 홈페이지에 들어가 검색해 보니 대본이 있었다. 너무 반가워 다음 날 출장이 끝나고 후딱 다녀오기로 마음먹었다.

인터넷 예약 메뉴를 찾아봤더니 삼 일 전에 예약해야 한다고 뜬다. 화요일에 예약해도 빨라야 금요일에 볼 수 있는데 금요일이 공연 날이라 대본을 보러 갈 여유는 없었다. 삼 일 전에 예약해야 하는 걸 미리 알면 좋았을 텐데 시간이 없어서 포기했다. 오래된 영상 필름 같은 건 미리 찾아놔야 하니 예약이 필요할 수도 있지만 대본은 금방 찾을 수 있을 거로 생각했는데 예약하지 않은 경우를 위한 예외는 없었다.

할 수 없이 마지막으로 기대하지 않은 방법에 도전해 보기로 했다. 동생이 초대권으로 받은 티켓을 검색하니 담당자 연락처가 나왔다. 문자로 연락해서 물어보려다가 동생이 하는 게 낫겠다는 생각이 들어 동생에게 부탁했다. 혹시 대본을 구할 수 있는지, 뒤에 앉으면 안 들리니 앞자리로 앉을 수 있는지 알아봐달라고 했다. 몇 시간이 지난 후 외부에 유출되지 않게 조심해 달라는 부탁과 함께 동생에게서 대본이 왔다. 게다가 자리도 앞자리로 배정해 준다고 해서 뛸 듯이 기뻤다.

두 시간 넘게 상연하는 연극이라 대본이 길었다. 이틀 동안 열심히 읽었는데 등장인물이 많아 헷갈렸다. 드디어 공연하는 날이 왔다. 초대권을 입장권으로 교환해 온 동생은 앞자리로 배려해 준다고 했는데 반영이 안 된 것 같다며 고개를 갸웃거렸다. 그러면 다시 가서 물어보자고 했다. 번거롭고 귀찮은 일이지만 아쉬운 사람이 움직여야 해서 끈기가 필요했다. 담당자에게 앞자리를 배정받기로 했다고 하니 다른 자리로 바꿔주었다. 포기하고 그냥 들어갔으면 두고두고 후회할 뻔했다.

이렇게 내가 할 수 있는 모든 준비를 하고 공연장에 들어가니 마음이 편안했다. 마치 내가 출연자라도 된 것 같은 기분이었다. '나만큼 준비하고 연극 보러 온 사람 있으면 나와보라 해!'라고 큰소리라도 치고 싶었다. 큰 극장이라 공간이 넓어 대사가 또렷이 들리지 않았지만, 내용을 알기 때문에 아무 문제가 없었다. 한국의 현대사를 배경으로 한 내용인 데다 매일 지나다니는 동네가 나와서 반가웠다. 이렇게 연극을 보니 앞으로도 대본을 구할 수 있는 연극만 봐야겠다는 생각이 든다.

전에는 한국 영화를 볼 때는 대사를 알아듣지 못해 난감했다. 그런데 요즘은 '가치봄 영화'라고 한글 자막 상영회를 따로 해주기 때문에 개봉되는 한국 영화를 바로 볼 수 있다. 한 가지 아쉬운 점은 시각장애인과 청각장애인이 영화를 같이 봐야 한다는 점이다. 청각장애인은 난청의 정도가 모두 달라 영화에서 나오는 소리를 듣는 정도도 다르다. 음악소리가 워낙 크기 때문에 소리를 들으며 실감 나게 영화를 보고 싶은데 시각장애인을 위한 화면 설명이 동시에 진행되기 때문에 소리를 듣는 데 제한이 있다. 비용이 조금 더 들어가더라도 장애가 같은 사람들만 따로 모여 영화를 보면 좋을 것 같다. 장애인이라고 무조건 모두 같이 모아놓으면 담당자들이 일하기는 편하겠지만 엄연히 장애의 특성이 다르니 조금 더 세심하게 배려해 주면 좋겠다.

나를 잡아준 손과
내가 잡아줄 손

옛날에는 마당을 가운데 두고 여러 집이 모여 사는 집이 있었는데 진영이네도 그런 집이었나 보다. 늘 같이 놀던 옆방의 남매 중 오빠가 하루는 뒤에서 큰 소리로 진영이를 불렀다. 반응이 없자 앞으로 달려와 이렇게 말했다.

"안 들려? 내가 부르는 소리? 너 진짜 안 들리나 보다."

그동안은 듣거나 못 듣거나 상관없이 셋이 어울려 재미있게 잘 놀았다. 그런데 어느 날 옆방 오빠가 어디서 진영이 듣지 못한다는 소리를 들었는지 확인 사살을 날렸다. 그날 이후 진영은 귀머거리, 벙어리라는 놀림을 받기 시작했고 옆방 아이들과의 놀이는 끝났다. 진영은 자신이 변한 게 없는데 듣지 못한다는 게 뭘 의미하는지 처음으로 알게 되었다. 그날부터 놀림의 대상이 되어야 했고 그녀가 할 수 있는 건 아무것도 없었다.

어릴 때 청각장애 판정을 받은 아이들은 일찍부터 선택의 갈림길에 서게 된다. 일반 초등학교에 들어갈지 아니면 농인을 위한 특수학교에 갈지 정해야 한다. 농인 학교에 가면 비슷한 친구들을 만나 편안한 분위기에서 공부할 수 있는데 청인 학교에 가면 보충 학습이 필요하고 청인들을 상대로 말해야 해서 불편한 점이 있다.

어릴 때 청력 회복을 위한 수술을 하기도 한다. 인공 와우 수술은 달팽이관에 장치를 이식하는 수술인데 기계장치를 통해 소리를 인식하는 거라 비장애인이 소리를 듣는 방식과 다르다. 대화하기 위해서는 소리를 변별하는 훈련을 따로 받아야 하고 귀에 물이 들어가면 안 되기 때문에 수영을 못하는 등 생활에 제약이 있다. 이런 모든 한계를 감안하여 수술한다고 해도 비용이 적지 않게 든다.

진영의 부모는 이 수술을 통해서 딸이 소리를 들을 수 있게 하고 싶었다. 성인이라면 직접 선택할 수 있지만 어린아이일 경우 보통은 부모가 수술 여부를 선택하는데 진영의 부모는 딸에게 직접 선택할 기회를 주었고 진영은 수술하지 않는 쪽을 선택했다. 농인으로 사는 것도 나쁘지 않다고 생각했고 어렵거나 불편한 일은 스스로 해결할 자신이 있었다. 수술이 100% 잘된다는 보장도 없어서 위험을 감수하기 싫었다.

자연스럽게 진영은 농인 친구들이 다니는 학교에 입학했다. 비슷한 친구들과 어울리는 학교생활은 즐거웠고 공부도 잘했다. 나중에 커서 수어 교사가 되었는데 그녀의 수업은 내용도 쏙쏙 이해가 잘되었고 늘 수강생들로 만원이었다.

수어를 배워 근로지원인 일을 시작했을 때 만난 농인 C는 고등학생 때부터 아르바이트할 정도로 생활력이 강했다. 듣지 못하면 선택에 제한이 있을 거라는 내 편견과 달리 그는 비장애인 세계에서 생활하는 데 두려움이 없었다. 함께 자격증 시험을 준비하기도 하고 그가 시도하는 일에 같이 도전하면서 '나는 할 수 없다'고 쳐놓은 벽을 조금씩 깨부술 수 있었다. 결국 그의 격려에 힘입어 이직에 성공하였고 촘촘히 쳐놓았던 세상에 대한 두려움은 흔적도 없이 사라졌다.

나의 멘토가 되어 진로를 결정하는 데 용기를 준 농인들처럼 나도 누군가에게 희망이 되면 좋겠다. 듣지 못하는데 취업도 하고 친구도 사귀고 심지어 교회에서 오르간 반주도 하는 나를 보면서 다른 사람들도 장애로 인한 좌절을 떨치고 다시 일어설 힘을 내기 바란다.

소수자인 사람은 자신을 표현할 언어가 없는 경우가 많아 아쉬울 때가 많다. 나뿐만 아니라 우리 모두 그렇다. 모두 '혼자'라는 의미에서 우리는 모두 소수자다. 앞으로 수어를 모어로 쓰는 농인들의 이야기를 글로 써서 그분들의 멋진 삶을 널리 알리고 싶다.

에스페란토어 말고
국제 수어

    화가인 친구가 얼마 전 포르투갈에 있는 아티스트 레지던스에 다녀왔다. 그곳은 도시가 아닌 시골의 작은 마을에 있었는데 식료품을 살 수 있는 작은 가게만 있어서 처음엔 조금 답답했다고 한다. 전 세계에서 작가들이 와서 여러 달 같이 지내면서 작품 활동을 했는데 언어가 통하지 않아 적응하는 데 시간이 걸렸다고 한다. 그러던 중에 캐나다에서 온 농인 작가를 알게 되어 같이 작업을 했다며 그분의 이야기를 들려주었다. 캐나다 작가가 주로 사용하는 언어는 수어였는데 캐나다 수어뿐 아니라 국제 수어도 능통해 다른 나라에서 온 농인과 수어로 소통하는 걸 봤단다. 친구는 수어를 몰라서 제스처와 필담으로 소통했는데 시간이 지나면서 서로 익숙해져서 같이 전시까지 할 수 있게 되었다.

    이 친구는 비장애인으로 교회에서 만난 나를 통해 청각장애인에 대한 정보를 조금 가지고 있었다. 보통 청각장애인에게 청인은 내국인도 외국인처럼 느껴지기 때문에 캐나다 농인 작가는 친구가 한국인이어도 별로 당황했을 것 같지 않다. 오히려 친구가 소통이 안 되는 상황에서 자신이 청각장애인과 다를 바 없다고 느꼈을 수 있다. 하지만 손과 표정으로 소통하는 수어와 비슷한 새로운 제스처를 써가면서 대화했을 테고 그 과정에서 둘만 이해할 수 있는 표현을 새로 만들었을지도 모른다.

친구의 이야기를 듣고 나는 마음이 부풀어 올랐다. 예술을 하는 작가들이 머물면서 작품 활동을 할 수 있는 레지던스가 전 세계에 있다는 건 이미 알고 있었다. 하지만 어떤 자격을 갖춰야 들어갈 수 있는지 궁금했다. 서울에 있는 어떤 도서관에서는 작가임을 증명하면 소액만 내고 이용할 수 있는 방을 글 쓰는 공간으로 빌려준다. 그 사실을 알았을 때 나도 그 방을 사용할 수 있다면 작가가 되는 데 오래 걸리지 않을 거라는 상상을 했다. 한데 입주가 먼저가 아니라 작품을 쓴 작가라야 들어갈 수 있기 때문에 나 같은 초보에겐 기회가 오지 않는다. 친구처럼 자주 전시회를 하며 작품 활동을 하는 경우는 다른 나라에 있는 레지던스에도 입주할 자격이 되는 것 같다. 나도 글을 써서 작가의 반열에 이름을 올려 국내외 레지던스에 입주해서 글을 써보고 싶다. 또 친구가 얘기해준 캐나다 작가처럼 국제 수어를 익혀서 외국의 농인들도 많이 만나보고 싶다.

전에는 국제 수어를 배울 기회가 별로 없었는데 요즘은 유튜브로 충분히 배울 수 있다. 나도 한때 국제 수어를 배우러 다녔는데 강의 기간이 짧아 오래 배우지 못했지만 배운 걸 녹화해 두어 조금만 복습하면 유창하게 할 수 있다. 국제 수어는 미국 수어와 비슷한 부분이 있어 두 수어를 같이 배우면 좋다. 수어를 배우면서 만난 사람 중에 영어를 가르치는 미국인 친구가 있었다. 이 친구는 청인으로, 미국에 살 때 미국 수어를 배웠던 적이 있는데 한국에 와서는 한국 수어를 배웠다. 한국 수어의 의미를 알려면 한국어도 알아야 해서 수어 공부로 일석이조의 효과를 얻었다. 이처럼 국제 수어를 공부하면 영어 공부도 덤으로 할 수 있다.

요즘은 쇼츠나 유튜브에서 활동하는 사람이 많은데 외국의 농인들은 한국에 대한 정보가 별로 없다. 유튜브 영상을 찾아보면 한국인이나 외국인 할 것 없이 국제 수어를 가르치는 사람을 많이 볼 수 있다. 하지만 외국 농인을 대상으로 국제 수어로 한국을 소개하는 영상을 찾기는 어렵다. 한류가 세계를 휩쓰는 시대에 외국에 있는 농인들에게도 한국에 대해 알려주고, 더 나아가 한국 방문을 권하고 싶다. 나와 같은 마음을 가진 분이 있다면 국제 수어를 배워서 우리 문화를 세계에 퍼트리는 데 힘을 모으면 좋겠다.

내가 나인 게
자랑스럽습니다

　나이 드는 것을 혐오하고 노인이나 노화에 편견을 가지는 걸 에이지즘(ageism)이라고 한다. 농인의 세계에도 비슷한 용어가 있는데 오디즘(audism)이라는 말이다. 이것은 '청능주의'라고 번역하는데 청인이 우월하다고 믿으며 청인처럼 행동하라고 요구하는 것을 뜻한다. 수어보다 음성언어를 사용하여 표현하는 것이 우월하다고 생각하던 시절에 혀를 맞아가면서 발성법을 배운 농인의 이야기를 들었을 때 큰 충격을 받았다. 전화기를 발명한 사람으로 알려진 미국의 알렉산더 그레이엄 벨은 미국 농인들에게 수어보다는 구화법을 가르쳐야 한다고 앞장서 활동했던 인물이다. 구화를 배운 농인이 음성언어로 청인과 소통할 수는 있지만 듣지 못하기 때문에 한계가 있다. 그래서 어릴 때 구화를 배워도 나이가 들수록 수어로 소통하는 걸 편하게 여긴다. 전에 내가 알아듣지 못하면서 남이 눈치챌까 봐 알아들은 척 행동한 게 알고 보니 바로 오디즘이었다. 오디즘에 따라 행동할 때는 되는 일이 없었다. 말을 알아듣지 못하고도 알아들은 척했으니 제대로 일이 진행될 리가 없다.

한데 오십이 가까운 나이에 못 듣는 걸 인정하고 사람들에게 먼저 나서서 말하고 다니니 일이 술술 풀렸다. 만나는 사람들에게 '저는 청각장애인입니다.'라고 먼저 말하면 사람들은 내가 알아들을 수 있게 말해 준다. 일본에는 청각장애인을 표시하는 배지가 있어서 이 배지를 달고 있는 사람을 만나면 알아서 종이에 쓰거나 수어를 사용하는 등 편의를 제공해 준다고 한다. 청각장애를 드러내는 일은 더 이상 창피한 일이 아닐뿐더러 잘 살기 위해 꼭 필요한 일이 되었다.

하루는 친척들을 만났는데 이모 한 분이 귀가 잘 들리지 않는다며 내가 끼고 있는 보청기가 어떤지 물으셨다. 보청기를 끼면 처음엔 소리가 크게 들리는데 적응될 때까지 소리를 조절하고 듣는 훈련을 하는 데 시간이 걸린다고 알려드렸다. 내 경험으로는 작아서 귀에 쏙 들어가 겉으로 보이지 않는 보청기보다는 눈에 띄더라도 큰 보청기가 잘 들린다. 이모한테 그렇게 말씀드렸더니 보청기 끼는 게 창피해서 맞추러 가는 것도 망설여지고 겉으로 드러나 보일까 봐 사람들의 시선이 걱정이라고 하셨다. 그래서 듣는 게 중요하지 남의 시선 때문에 답답하게 사는 게 낫겠냐고 하니 내 말이 맞다며 깔깔 웃으셨다. 옛날에는 장애가 부끄럽고 감춰야 할 일이었지만 지금은 다르다.

내가 아는 어떤 농인은 카페에 가면 당당하게 수어로 음료를 주문한다. 그러면 카페 직원은 당황하여 수어를 몰라 미안하다며 종이를 가져와 써달라고 부탁한다. 처음에 한두 번 그렇게 주문하니 그다음부터는 카페 직원이 먼저 알아보고 아는 척을 해줘서 카페를 이용하기 편해졌다고 했다.

예전에 잠깐 뉴질랜드에서 살 때 영어를 배우는 모임에 갔는데 뉴질랜드 사람이 한국어를 몰라서 미안하다고 해서 놀란 적이 있다. 우리는 보통 영어가 전 세계 누구나 알아야 하는 공용어라고 전제하고 유창하지 않으면 창피하게 생각한다. 그런데 요즘 같은 시대에 기본적인 한국어 정도는 전 세계인이 알고 있어야 한다고 생각한다면 외국인이 말을 걸어도 마음이 편할 것이다('아니, 지금이 어느 때인데 한국말도 모르나?' 이러면서). 수어가 공식 언어로 지정된 뉴질랜드처럼(영어, 마오리어, 수어가 공식 언어다) 수어를 아는 사람이 늘어나고 수어 모르는 걸 아쉬워하는 사람이 많아진다면 우리 사회도 훨씬 살기 좋은 곳이 되지 않을까. 간단한 수어를 몇 개 알아두면 조금 먼 거리에서도 암호를 쓰는 기분으로 대화를 할 수 있어서 재미있다.

듣지 못하는 몸을 바꿀 수는 없다. 마찬가지로 나이를 먹어 늙는 일도 피하기 어렵다. 어리거나 젊고 예쁜 게 최고인 세상에서 나이를 먹으니 오히려 좋은 점이 많아 어리둥절하다. 마찬가지로 듣지 못하는 게 늘 불편하기만 한 것은 아니다. 우리 몸은 보기 싫은 건 눈을 감으면 되고 맡기 싫은 냄새에는 코를 막거나 마스크를 쓰면 되지만 저절로 들려오는 소리는 피하기 어렵다. 듣기 싫은 소리가 나거나 주위가 시끄러울 때 나는 보청기를 빼면서 청각장애라 다행이라는 생각을 한다. 심지어 나를 흉보는 사람 옆에서도 화내지 않고 의연히 서 있을 수 있다. 물론 안 좋은 점도 많지만 이런 장점이라도 있어야 살맛이 나지 않겠는가. 나를 부끄러워하지 않고 있는 그대로 받아들이기 시작하니 삶이 순조롭다. 이렇게 단순한 진리를 좀 더 빨리 알지 못한 게 아쉽지만 오십 넘은 지금이라도 알게 되어 다행이다.

3.

그림책에서 찾은
오십 대의 위로

| 임명희 |

카카오톡 말고, 사내 톡 말고.
너의 목소리가 듣고 싶어

"왜 안 와? 그쪽으로 가고 싶어?"

"알겠어. 내가 그쪽으로 갈게."

"그런데… 좀 춥다."

"우리 딱 한 번만 더 돌고 들어가자."

열 살 먹은 강아지 쪼목이와 산책하며 이야기를 나눈다. 쪼목이는 '쪼그맣다'에서 '쪼'를, '오목조목'에서 '목'을 따와 이름을 지었다. 얼굴의 반이 까만 눈동자인 쪼목이는 가던 길로 가지 않으면 매번 갈림길에서 멈춘다. 그럴 때면 이 녀석에게 돌아서서 어느 쪽으로 가고 싶은지 물어봐야 한다. 이쪽? 저쪽? 쪼목이가 마음에 드는 길을 선택하고 앞장서면 나는 그 뒤를 따라간다. 요즘 나와 가장 많은 대화를 하는 상대는 우리 집 강아지다.

회사에 다니지만 말할 일이 별로 없다. 재택근무자? 아니다. 사무실에 출근하지 않고 원격지에서 본사에 접속해 일하는 원격근무자도 아니다. 회사는 직원 수가 만 명이 넘는다. 우리 사무실은 29명, 옆 부서는 21명, 그 옆 부서는 25명이다. 사람은 차고 넘친다. 몇 년 전만 해도 전화로 많은 일을 처리했지만, 전 직원이 업무용 SNS 앱을 PC에 설치하면서 모든 업무가 사내 톡으로 이루어진다. 회사 밖에서는 카카오톡, 회사 안에서는 업무용 톡. 톡은 'talk' 맞는데 사람의 목소리가 들리지 않는다.

연말이면 회사에서는 일 년 동안의 사업 평가를 위해 다양한 설문조사를 시행한다. 지난주에는 특이한 설문이 전사 공지에 떴다. 최고의 선·후배를 묻는 설문 조사였다. 최악의 후배를 묻는 설문 항목에 '사내 SNS에서 쌓은 정, 대면에서는 안면몰수한다'는 항목이 있었다. 사내 SNS로 많은 업무를 처리하면서도 얼굴 한 번 못 본 건 당연하고, 목소리도 못 들어본 직원들이 늘어가고 있다. 사내 톡 왼쪽 화면에는 입사할 때 제출한 청춘 시절의 인사 기록 카드 증명사진이 방부제 처리된 얼굴이 되어 시간을 거슬러 남아 있을 뿐이다.

전화로 하면 짧게 끝날 일을 몇 번의 긴 톡이 반복되고, 아무리 내용이 길고 복잡하더라도 다들 톡으로 이야기를 나눈다. 마치 조선과 청나라의 사신이 만나 파리 머리만 한 가는 붓으로 한자를 써가며 현란한 필담이라도 나누듯 아주 긴 톡이 계속된다. 목이 잠기고, 마음에 쩍쩍 금이 가는 듯한 날들이 많아진다. 어떤 날에는 갑자기 전화벨이 울리면 나도 모르게 당황하고 목소리가 갈라진다. 눈으로만 주고받는 소통에 익숙해진 뇌는 갑작스레 들려오는 사람의 목소리에 바로 반응하지 못한다. 그렇게 횡설수설하다가 전화를 끊고 나면 아쉽고, 사람과의 대화가 몹시 그리워진다. 누군가 먼저 이야기를 시작하면 귀 기울여 듣고, 상대방 말의 허점에 대해 "그거 아니야!" 하며 치고 들어오는 것도, "지금부터 팩트 체크합니다." 하며 장난기 가득한 대화도, 그냥 사는 일상의 이야기도 나누고 싶어진다.

2024년 8월, 미국 애리조나주에 사는 육십 대 여성 은행원이 자신의 사무실 책상에 앉아 숨진 지 나흘 만에 발견되었다. 근무지가 사무실 통로에서 떨어진 곳이었다고는 하지만 사람 간 연결의 부재와 무관심으로 같이 일하던 동료의 죽음도 몰랐다. SNS가 넘쳐나는 시대. 우리는 끝없이 연결되어 있다고 느끼지만, 실제로는 고립된 섬처럼 서로 멀리 떨어져 있었다. 직장이라는 안전한 울타리 안에 함께 있지만 개인으로, 사람으로 서로의 존재에 가닿지 못했다. 열심히 파던 모래사장의 게 구멍이 파도가 몰아치면 흔적도 없이 사라지고 지워지는 것처럼. 마지막 숨을 쉬고도 나흘 동안이나 혼자였던 그녀처럼.

소년이 빈 잔을 앞에 두고 앉아 있다. 목이 마르다. 오른쪽 책장을 넘기면 투명 필름이 왼쪽으로 넘어가면서 소녀의 물 절반이 소년의 잔에 채워진다.

"목이 마를 때 물이 없다고 슬퍼하지 마."

차가운 빗속에 비를 맞고 서 있는 소년이 있다. 책장을 넘기면 각기 다른 곳에서 비를 맞고 있는 소년과 소녀의 그림이 합쳐져 둘은 함께 비를 맞는다.

"네가 차가운 빗속에 있다면 나도 함께 그 비를 맞을 거야."

그림책 왼쪽에 있는 남자아이와 오른쪽에 있는 여자아이. 둘은 서로 다른 방향을 보고 있고, 표정도 사뭇 다르다. 오른쪽 투명 필름에 그려진 그림을 왼쪽으로 넘기는 순간, 놀라운 일이 일어난다. 두 아이가 마주 보며, 한 공간에 함께 있게 되면서 같은 그림이었나 싶게 아이들의 표정은 조금 전과 전혀 다르게 보인다. 김윤정의 그림책『친구에게』는 내 마음을 전하는 우정에 관한 책이다. "너랑 함께 비를 맞을 거야."라며 빗속으로 뛰어들고 싶은 마음이 들게 한다. 그리고 나 역시 누군가의 위로가 필요했던 기억이 떠올랐다. "네가 혼자라고 느낄 때도 난 항상 네 편이야."라고 말해 줄 무조건적인 지지와 응원이 간절했던 순간들. 우리는 어른이 되고, 오십이 되어도 다정한 위로가, 누군가의 온기가 필요한 존재다. 내 마음의 온도는 지금 몇 도일까. 오늘 나를 스친 그들의 하루가 따스했길 바란다.

고양이를 떠나보낼
시간이 필요해

근처 다른 사무실에서 일하는 회사 후배에게서 아침 일찍 전화가 왔다.

"선배, 엊그제 우리 나루가 무지개다리를 건넜어요."

"어? 그게 무슨 말이야?"

"갑자기 그렇게 되었어요."

"점심이라도 같이 먹자. 우리 사무실로 와."

지하철 출구에서 나와 터덜터덜 걸어오는 후배를 데리고 식당으로 갔다.

"도대체 무슨 일이야?"

"어제 야간 근무 마치고 침대에 누워 있는데 뒤에서 컥컥하는 소리가 들렸어요. 너무 피곤해서 뒤돌아볼 기운도 없었어요. 그런데 작은 놈이 와서 자꾸 나를 긁는 거예요. 그래도 몸이 힘들어서 무시하고 그냥 자려는데 다시 컥컥 소리가 나서 뒤돌아보니까 큰 놈이 목에 뭐가 걸린 거 같더라고요. 깜짝 놀랐어요. 벌떡 일어나서 몸을 잡고 막 흔들었어요. 그거 있잖아요. 목에 뭐 걸리면 엎어놓고 흔들고, 거꾸로 해서 등을 치는 거. 근데 내가 손가락을 다쳐서 이 녀석을 막 흔들 수가 없었어요. 큰 놈이 5킬로잖아요. 그러다가 갑자기 숨이 멈춰버렸어요…."

넘어가던 물이 목구멍에 걸렸다. 침묵이 흘렀다. 맞은편에 앉은 후배가 돌솥밥 뚜껑을 열었다. 뜨거운 김이 후배의 동그란 안경에 서렸고 그 너머에서 눈물이 뚝뚝 떨어졌다. "내가 손가락만 안 다쳤어도 밖으로 내뱉게 할 수 있었는데. 이게 다 나 때문이에요. 그냥 순식간에 나루가 저세상으로 떠나버렸어요." 나는 할 말을 찾지 못하고 벽에 걸린 두루마리 화장지를 뜯어 건네주며 후배의 눈물이 멈출 때까지 기다렸다. 나루를 화장터에서 보냈지만 아직은 도저히 그곳에 두고 올 수 없어서 나루의 흔적을 단지에 담아 집으로 데리고 왔다고 한다.

손가락을 다친 경위도 처음 들었다. 후배 Y가 시스템실 바닥의 무거운 깔판을 압착기로 들어 올리고 바닥에 깔린 케이블 상태를 확인하려던 참이었다. 압착기 공기가 갑자기 빠지면서 가로세로 40㎝, 두께 1㎝의 정사각형 깔판이 아래로 떨어졌다. 급히 손을 뺐지만, 오른손 검지가 부러졌다. 별거 아니라고, 손가락 정도는 금방 괜찮아질 거라고, 번거롭게 하기 싫다며 산재를 신청하지 않고 그냥 넘어갔다. 금방 나을 거 같던 손가락은 퉁퉁 부었고 접히지도 않았고 계속 찌릿찌릿 저렸다. 한참 뒤 후배는 회사에 산업재해를 신청했다.

"선배, 회사 탓이라도 해야겠어요. 다 손가락 때문이었다고. 이거라도 해야지 내 맘이 좀 편할 거 같아요. 나루한테 너무 미안해서 할 말이 없어요." 산재를 신청했지만, 판정 결과까지는 한참 더 기다려봐야 한다. 다친 손가락 염증은 그 뒤로도 한참 갔다. 까맣게 변한 손톱은 언제쯤 새로 자라날지…. 아마 안 날 수도 있다고 한다.

후배는 울산에서 올라와 고양이 두 마리와 함께 살고 있었다. 침대에서 팔을 벌리면 나루가 뛰어 올라와 팔베개를 하고 둘이 함께 잠이 든다고 했다. 밤마다 가위에 눌려 자다 깨기를 계속했는데 큰 놈이 오고 나서부터 한 번도 가위에 눌리지 않고 푹 잤다고, 그렇게 13년 동안 한 가족으로 살았던 고양이를 어찌해보지도 못하고 바로 등 뒤에서 보냈으니 얼마나 미안하고 억울할지 짐작이 갔다.

그림책 『이젠 안녕』은 사랑하는 반려동물과의 이별을 다룬 책이다. 그림책 첫 장을 넘기면 꼬물꼬물 갓 태어난 강아지가 보인다. 얼룩무늬 강아지 한 마리가 주인공 해리의 품속으로 뛰어든다. 메뚜기처럼 '폴짝폴짝', '홉홉' 뛰어올라 강아지 이름을 '호퍼'라고 지었다. 어릴 때부터 같이 자란 반려견 호퍼는 아빠와 단둘이 살던 해리에게는 가족이었다. 해리는 목욕을 싫어하는 호퍼를 숨겨주기도 하고, 호퍼는 아빠 몰래 해리의 침대로 올라와 둘이 함께 잠을 자곤 했다.

학교에서 해리가 돌아오면 항상 제일 먼저 뛰어나와 맞아주던 호퍼가 어느 날 보이지 않는다. 아빠가 갑작스러운 사고로 호퍼가 죽었다고 알려주지만, 해리는 받아들일 수 없고 믿기지 않았다. 해리는 매일 밤 꿈속에서 호퍼를 다시 만나 기뻐한다. 하지만 예전의 호퍼가 아니고, 이제 세상을 떠났다는 걸 서서히 받아들이며 해리는 마지막 작별 인사를 한다.

후배에게 어떻게 위로의 말을 전할 수 있을지 고민하다가, 점심을 먹은 후 식당 위에 있는 도서관에 들러 그림책 『이젠 안녕』을 펼쳐 천천히 읽어주었다. 후배는 아무 말 없이 그림책 마지막 장면을 한참 동안 바라보았다. 그 장면은 해리와 호퍼가 침대에 누워 서로를 마주 보는 모습이었다. 사람이든 반려동물이든 이별에는 시간이 필요하다. 더 이상 곁에 없다는 사실을 받아들이기까지, 아픔과 상실을 충분히 경험할 시간이 흐른 뒤, 마음이 준비되면 비로소 해리처럼 '이젠 안녕.'이라고 말할 수 있게 된다. 그때 우리는 슬픔을 떠나보낼 수 있다.

도서관 계단을 내려오며 후배에게 말했다. "너도 네 가족이었던 나루를 보내는 데 시간이 필요할 거야. 나루가 밤마다 너를 찾아오면 미처 하지 못한 산책도 하고, 목욕도 하고, 팔베개를 하고 잠도 함께 자야지. 네 마음이 준비되면 그때 나루에게 '잘 가'라고 마지막 인사를 하자. 나에게라도 나루의 이야기를 들려줘서, 네 슬픔을 말해줘서 고마워."

삶은 상실의 연속이다. 살아갈수록 상실은 점점 더 쌓여가지만, 기억 속의 소중한 그 시간과 의미는 사라지지 않을 것이다.

여든셋, 아흔둘.
부모님과 함께할 마지막 날들

토요일 아침 8시 10분. 부스스한 머리로 눈을 떴다. 월화수목금. 새벽 4시 30분에 맞춰진 평일 기상 알람. 집에서 나가야 하는 '출발 알람', 5시 20분. 지하철에서 잠들까 봐 설정해 둔 '하차 알람', 6시 30분. 핸드폰의 이 모든 알람을 끄고 깊은숨을 내쉬며 금요일 밤에는 잠자리에 든다. 아무 일도 없을 평온한 휴일 아침일 거로 생각하고 눈을 떴는데 핸드폰을 열자마자 '도와줘' 앱에서 보내온 알림이 눈에 들어왔다. '도와줘' 앱은 경도 인지장애가 시작된 친정아버지를 위해 주인 몰래 핸드폰에 살짝 설치해 둔 위치 추적 앱이다.

"어어, 이게 뭐야?"

눈을 비비고 핸드폰 화면을 다시 봤다. 새벽 12시 32분에 아버지가 〈우리 집〉을 '이탈'했다. 새벽 1시 5분 '진입'. 무슨 일이지? 그 시간에 어디를 가신 거야. 잠옷을 입은 채로 눈을 비비며 다가오는 딸에게 핸드폰을 내밀었다.

"왜? 뭐? 뭘 보라고?"

"할아버지 좀 봐봐."

"어, 할아버지 어디 나갔다 오셨나 보네."

"아니! 시간을 보라고."

"새벽 1시야? 그 시간에 어디를?"

"그러니까. 어디를 다녀오신 걸까?"

"에고야. 그때까지는 내가 안 자니까 돌아가면 잘 살펴볼게."

외갓집에서 지내며 대학에 다니고 있는 딸이 할아버지가 나가시는 소리가 들리면 따라가 보겠다고 했다.

"그래, 뒤따라갈 때 할아버지 모르시게 해라."

'아버지 님이 [우리 집]을 이탈했습니다' 문자가 또 뜬 건 다음 날 새벽 1시 28분이었다. 아버지는 새벽 2시 3분 [우리 집]에 진입했다. 안심 존으로 설정해 둔 [우리 집] 범위를 이탈한 문자를 확인하자 아버지의 뇌에 내가 모르고 있는 큰일이 벌어지고 있는 건 아닐까 불안이 몰려왔다. 다음 날, 한창 사무실에서 바쁘게 일하던 시간에 아버지에게서 전화가 왔다. "우리 막내가 그리워서 전화했다. 그립다. 내가 엄마 신발도 깨끗이 닦아서 신발장에 올려놓았다." '그립다'. 아버지에게서 이런 말을 듣게 되다니. 평생 논리와 엄격함으로 자식을 대했던 아버지였다. 하루 종일 유튜브에서 정치 뉴스를 들으시다가 누군가와 대화라도 하고 싶으셨던 걸까.

　신경숙의 소설 『엄마를 부탁해』는 "엄마를 잃어버린 지 일주일째다."로 시작한다. 나도 아버지를 잃어버릴까 봐 두려워졌다. 핸드폰으로 수시로 날아오는 실종 문자는 언제든 내 일이 될 수 있었다. 당분간 외갓집에서 지낸 딸에게 아버지를 부탁했다. 이제 여든셋, 아흔둘이 되신 어머니, 아버지는 누군가의 도움 없이 아무것도 할 수 없었던 그 시절로 천천히 돌아가고 있다. 바지 앞자락에 갑자기 실수를 해버린 아버지를 보았을 때 내가 놀란 것은 둘째고 어떻게 해야 아버지가 당황하지 않으실지 몰라 문을 살짝 닫고 뒤돌아 나왔다.

　죽음이 누구에게나 공평하게 찾아오듯이 늙음도, 질병도 마찬가지다. 그것은 아버지가 결코 들키고 싶지 않았을 아버지 오줌 줄기의 유출로 시작을 알리기도 한다. 밖에 나가기 전에 '핸드폰, 지갑, 자동차 키' 이렇게 주머니를 두드리며 확인하던 일상이 『사랑인 줄 알았는데 부정맥』 속의 책 구절처럼 "자, 출전이다. 안경, 보청기, 틀니 챙겨라."로 바뀌며 우리 모두의 시간은 흐를 것이다. 통계청은 2024년 한국의 65세 이상 고령 인구 비율은 우리나라 전체 인구의 19.2%로 향후 계속 증가하여 2025년에 20%, 2036년에 30%, 2050년에는 40%를 넘어설 것으로 전망했다. 즉, 25년 뒤에는 사회 구성원의 40% 이상이 65세를 넘는다는 것이다. 노화와 돌봄, 죽어감의 과정은 우리가 모두 함께 생각하고 고민해야 하는 중요한 과제가 되었다. 늙음이 혐오와

소외가 되지 않도록 안전하고 건강한 사회적 환경을 만들어가기 위한 노력이 필요하다.

그날 밤, 사진작가 필립 톨레다노가 쓴 『아버지와 함께한 마지막 날들』을 꺼내 읽었다. 어머니의 갑작스러운 타계 후, 홀로 남게 된 아흔 여섯 살 아버지를 삼 년 동안 옆에서 돌보며 아버지와의 마지막 날을 사진으로 담아낸 사진 에세이다. 아버지는 단기 기억상실을 동반한 치매로 기억을 자주 잃어버렸다. 흰머리만 남은 아버지의 뒷모습을 찍은 흑백사진, 아버지의 주름진 손, 잠든 모습, 유리컵에 담겨 있는 아버지 칫솔. 작은 쿠키들을 가슴에 올려놓고 "내 찌찌 봐라!"라며 장난기 넘치는 표정을 짓고 있는 아흔아홉 된 아버지. 책은 슬프면서도 따뜻하다.

"어제 아버지가 세상을 떠나셨다."

아버지가 즐겨 앉으시던 녹색 의자가 텅 빈 채로 책 한쪽 면을 채우고, 방석에는 아버지가 앉았던 흔적이 눌린 채로 고스란히 남아 있다. 책 속의 아버지가 그랬듯이 나의 부모님도 언젠가는 내 곁을 떠나실 것이다. 부모님의 속도로 천천히 걸으며 부모님의 마지막 날들을 함께 살아간다. 부모님과 이야기를 나눌 때는 하던 일을 멈추고 다가가 얼굴을 마주 보고 앉아야겠다. 봄이면 고궁에 벚꽃 구경도 가야겠다.

앞으로 몇 번의 봄나들이가 남아 있을지 나는 모른다. 햇볕 좋은 날은 공원에 앉아 따뜻하고 달콤한 커피도 함께 마셔야지. 부모님과 함께 하는 어느 순간, 한 줌의 시간이 나에게 남을 마지막 장면일 수도 있으니까. 삶의 수레바퀴가 언제 멈출지는 아무도 알지 못한다.

딸들을 키우며
보기 시작한 그림책이
오히려 나를 키웠다

　거실 바닥에 그림책을 가득 깔아두고 징검다리처럼 건너뛰며 아이들과 놀았다. "즐겁게 춤을 추다가 그대로 멈춰라!"를 외치면 그 자리에 꼼짝 말고 정지해야 한다. 그 순간 그림책 제목이 가장 긴 책을 밟고 서 있는 사람이 이기는 놀이였다. "곰 사냥을 떠나자. 이야이야호! 곰 잡으러 간단다. 이야이야호! 큰 곰 잡으러 간단다. 이야이야호!"를 노래로 지어 부르며 그림책 『곰 사냥을 떠나자』를 읽었다. 지금도 이 책을 보면 두 딸과 함께 온몸을 좌우로 흔들며 불렀던 노래가 떠오른다. 방바닥에 누워 뒹굴뒹굴하며 그림책을 함께 보던 딸들은 이십 대가 되었고, 이제 그림책은 오십이 넘은 내가 가장 많이 보는 책이 되었다. 그림책이 어린이만 보는 책이 아니라는 걸 많은 사람들이 수긍하지만, 여전히 어린이들의 책이라는 시각도 남아 있다.
　내게 그림책이 뭐냐고 묻는다면 '다정하게 자기를 돌아보게 하는 사유의 책'이라고 말하고 싶다. 그림책에는 삶에서 죽음으로 가는 과정에서 겪는 모든 감정이 들어 있다. 불안, 두려움, 슬픔, 분노, 좌절, 이별, 외로움, 애도, 사랑, 우정, 기쁨, 평화, 공감, 배려 등. 그림과 어우러진 글은 읽는 사람의 서사와 연결되며 새로운 이야기를 만들어낸다. 때로 글 없이 그림만으로도 할 말을 다 하는 인문학이다.

"살아 있는 모든 것에는 시작이 있고 끝이 있단다. 그사이에만 사는 거지." "수명이 아무리 길어도, 수명이 아무리 짧아도, 시작이 있고 끝이 있는 것은 모두 마찬가지란다. 그사이에만 사는 거지." 짧은 문장으로 생명의 시작과 끝, 삶과 죽음에 관해 이야기해 준다. 책을 펼치자마자 "엄마가 오늘 아침에 죽었다."라는 첫 문장으로 시작하는 그림책도 있다. '엄마가 하늘나라로 갔다.'도 아니고, '별이 되었다.'도 아니고 냉정하게 죽음을 말해버리는 매서운 책이지만 결국 엄마 냄새가 집 밖으로 새어 나갈까 봐 두려워 창문을 꼭꼭 닫아거는 아이의 슬픈 속마음을 보여주는 책이기도 하다.

그림책을 깊이 있게 읽기 시작한 계기는 글로벌사이버대학에서 운영하는 '그림책 웰다잉교육지도사' 과정을 공부하면서다. 이 과정에는 필독서가 세 권 있다. 『그림책으로 배우는 삶과 죽음』, 『인생 수업』, 『삶을 위한 죽음의 심리학』이다. 각자 제 일이 있어서 우리는 새벽 낭독반을 만들어 함께 책을 읽었다. 『삶을 위한 죽음의 심리학』은 무려 900페이지에 달하는 두꺼운 책이었다. 새벽 6시에 줌이 열리면 참석자들이 입장한 순서대로 본인의 이름 앞에 번호를 매기고, 그 번호순으로 돌아가며 두 페이지씩 낭독했다. 1시간 읽고 30분 동안 나눔을 가졌다. 오늘 읽었던 페이지 중 가장 인상 깊었던 구절과 이유를 나누고, 이 부분에서 생각나는 그림책을 추천하기도 하고, 같이 보면 좋을 영화를 소개하기도 했다.

각자가 살아온 삶만큼 나누는 이야기도 다양했다. 병원 응급실에서 나와 출근길 시내버스에 오르자마자 듣게 된 어머니의 임종 소식, 줌 뒷배경에 손가락으로 'V' 표시를 하며 얼굴을 빼꼼 내밀고 도망가는 세 아들을 둔 아빠, 병으로 어린 아들을 먼저 보낸 엄마, 자살로 떠난 자식을 가슴에 묻은 엄마. 우리는 새벽마다 울고 웃고 다시 일어섰다. 그 중심에는 그림책으로 삶과 죽음을 함께 공부하는 동기들이 있었다. 사고의 확장을 위해 철학, 인문 사회, 심리학 등 그림책의 주제와 연관된 책을 저녁 낭독방에서 추가로 읽었다. 요즘은 로고테라피 전문가 김미라 교수의 『당신의 삶은 충분히 의미 있다』을 읽는 중이다. 새벽 낭독 시간은 내 출근 시간과 겹쳤다. 나는 지하철 안에서 동기들이 낭독해 주는 책을 들으며 매일 출근을 했다. 새벽 6시에 책을 읽어 주는 이가 있다니.

그림책 『비에도 지지 않고』의 첫 구절은 이렇게 시작한다. "비에도 지지 않고, 바람에도 지지 않고, 눈에도 여름 더위에도 지지 않는" 담담하면서도 강인해 보이는 수채화풍의 그림에서는 병마와 역경 속에서도 묵묵히 자신의 길을 걸어갔던 시인의 삶의 태도가 느껴진다. 이 그림책은 애니메이션 〈은하철도 999〉의 원작 소설인 『은하철도의 밤』을 쓴 일본인 작가 미야자와 겐지의 시를 책으로 만든 것이다. 돌이켜보니 나도 비바람에 맞서 싸우며 오십을 살아왔다. 앞으로도 예기치 못한 고난이 있을 것이고, 은퇴와 노화라는 새로운 도전도 마주할 것이다. 내 인생의 끝에서 걸어온 길을 돌아보았을 때 '멋진 인생이었다.'라고 말할 수 있기를. 그 순간이 오기까지 그림책은 나를 지탱해 주는 좋은 친구가 될 것이다.

이 그림책 속의 한 구절처럼 "남쪽에 죽어가는 사람이 있다면 가서 두려움을 달래주고, 북쪽에 다툼이나 소송이 있다면 의미 없는 일이니 그만두라 말하"는 어른의 삶을 살고 싶다.

사오십 대 남자들과
과연 그림책을
함께 읽을 수 있을까?

일상에서 나를 다시 일으켜 세우는 건 의외의 순간이다. 도서관에서 우연히 보게 된 『매듭을 묶으며』라는 그림책이 그랬다. 인디언 할아버지와 눈먼 소년이 모닥불을 사이에 두고 이야기를 나눈다.

"두려워 말아라, 아가야! 네 어둠을 믿어야 한다. 바람처럼 달려라!"

할아버지가 말타기 대회에 나가게 된 눈먼 손자에게 건넨 이야기였지만, 마치 내게도 너 자신을 믿어라. 네가 지닌 어둠을 믿고 바람처럼 달려라. 인생의 두려움에 맞서라고 속삭이는 듯했다. 삶은 우리를 끊임없이 새로운 도전과 매듭 앞에 세운다. 매듭을 묶고 앞으로 나아가야 할 때가 오면 이 문장을 떠올리곤 했다. 이처럼 그림책 속 한 장면, 한 구절이 전해주는 위로와 용기는 많은 순간 힘이 되어주었다.

지친 회사 동료들과 함께 그림책을 읽어보고 싶었다.

그 기회가 왔다. '직무스트레스 해소'를 주제로 자체 행사를 시행하라는 문서가 내려왔다. 아이스 아메리카노와 일상의 소소한 이야기를 나누는 걸로 화합 행사를 마무리할 수도 있었지만, 그림책을 함께 읽으며 동료들의 이야기를 들어주고 싶었다. 술자리도 아니고 대낮에 사무실에서 두 시간 안에, 사오십 대 남성들의 속내를 듣는 게 가능할까. 하지만 시도해 보기로 했다.

교대 근무의 특성상 참여할 수 있는 사람은 다섯 명. 서로의 마음을 열기 위해 감정 형용사 카드를 준비했다. 각자 두 장의 카드를 골라 "사람들은 나를 이렇게 생각하는데, 사실 내 마음은 이래요."라고, 말하는 방식이었다. 내가 카드를 골라 보여주며 "저는 계획적인 사람인 거 같지만 사실 무계획적이고 호기심이 많은 사람입니다."라고 말을 시작했다. 의자에 몸을 깊숙이 기대고 들어앉아 움직이지 않을 거 같던 동료들이 하나둘 책상으로 가까이 다가와 카드를 고르기 시작했다.

"사람들은 저를 처음 보면 다정하다고 생각하는데, 친해지면 쉽게 화를 내는 신경질적인 면도 있어요." 사무실에서 언제나 정답게 응대해 주던 직원이었다. 그중 가장 어린 후배는 "저는 보수적이고 의심이 많은 편입니다. 젊은 꼰대랄까요." 근처에서 뭐 도와드릴 거 없는지 수시로 묻던 후배의 생각지 못한 말이었다. 다들 예상치 못했던 속마음을 털어놓았다. "저는 우울증이 있어요. 몇 년 되었어요. 불안하기도 합니다. 그래서 다른 사람들과 원만하게 지내려고 노력하느라 많은 에너지가 듭니다." 여기저기서 다들 "몰랐어요."를 외쳤다. 병원에 다니고 있는지 물어보자, 병원은 가지 않고 법륜 스님의 말씀에서 위로를 얻고 있다는 말에 곳곳에서 웃음보가 터졌다. 중년 남자들이 과연 입을 열까 싶었는데 우리는 짧은 시간에 깊은 이야기를 나누었고 갑자기 서로의 비밀이라도 알게 된 듯했다.

그날 나는 동료들과 함께 그림책 『다른 길로 가』를 읽었다. 이 책은 새로운 길을 선택하고 도전하는 용기에 대한 이야기를 담고 있다. "정말이지 아무리 생각해도 제대로 되는 게 하나도 없었어. 그래서 다른 길로 가보기로 했지." 주인공은 늘 걷던 길에서 벗어나 다른 길로 간다. 길을 떠나는 아이 눈동자는 불안으로 가득 차 있다. 걱정들이 뛰쳐나와 "당장 돌아와! 우린 이제 어떡해?"라고 외치고, 의심들은 "너지금 큰 실수하는 거야!"라며 경고한다. 이번에는 두려움들이 울부짖는다. 배낭 속에 들어 있던 좌절감들이 낄낄대며 비웃는다. "얼른 포기하시지."

아이는 다이빙대에서 제대로 뛰어내리는 데 또 실패했다. 하지만 다시 그 끝에 올라섰다. 결국 아이는 다이빙을 완벽하게 해냈고, 자신이 두려움에 피하고 싶었던 그 길로 되돌아 걸어간다. 걸어가면서 이제는 작아진 좌절감, 조용해진 두려움, 침착해진 의심, 거의 사라져 버린 걱정들을 배낭에 다시 주워 담아 가벼운 마음으로 높은 언덕에 오른다. 책을 읽고 난 후, 우리는 다 같이 눈을 감았다, 고개를 당당히 들고, 양팔을 옆으로 쭉 뻗었다. 그리고 다시 두 손을 모아 하늘로 향했다. 하나, 둘, 셋. 눈을 질끈 감고 다이빙대에서 뛰어내리는 상상을 했다. "하나, 둘, 셋! 다들 뛰어내리는 겁니다. 풍덩!"

우리는 이제 서로 안다. 겉으로는 괜찮아 보였던 동료의 마음에 있던 불안과 두려움들을. 누구나 여러 감정과 더불어 살아간다는 걸. 다정하고 보수적이고 의심이 많고 우울하고 불안한 그 모든 모습이 다 '나'라는 사실을. 아침에 내가 데려온 감정은 어떤 녀석인지 스스로에게 물어보고 감정을 알아차리는 것으로 하루를 시작하자며 나는 이 시간을 마쳤다. 감정 형용사 카드에서 우울과 불안을 선택했던 나이 지긋한 선배가 다가와 혹시 그 책을 다시 한번 봐도 되냐고 물었다.

"그럼요. 선물로 드릴게요. 곁에 두고 보세요."

내 그림책 첫 수업은 그렇게 마무리됐다. 뒤돌아보니 나를 불안하게 했던 감정들은 별거 아니었다. 그림책 속에서 주인공이 용기를 내어 낯선 길로 들어섰듯이, 나도 내 걱정과 의심을 뒤로하고 새로운 시도를 해본 그림책 수업이었다. 그림책의 한 장면, 한 구절에서 내가 용기를 얻었듯이 내 동료들도 위로와 힘을 얻었길 바란다. 일단 걷기 시작하면 두려움은 작아지고 그 뒤에 남는 건 내가 딛고 선 작은 한 걸음이다. 어느 순간, 불안은 다시 커지겠지만 그림책 『다른 길로 가』처럼 계속 나아갈 수 있을 것이다.

사 개월을
사계절로 사는 법

출근하자마자 회사 앞 편의점에서 사 온 바나나 세 개를 먹었다. 냉장고 맛이다. 차가운 기운이 느껴져 입고 온 검은색 바짓자락을 손으로 비벼보니 홑겹 여름 바지다. 캄캄한 새벽에 일어나 옷을 꺼내 입고 나오다 보니 여름 바지인 줄도 몰랐나 보다. 오늘처럼 몸과 마음이 유독 힘든 날들이 있다. 그럴 때면 사무실 근처 화원에 들르곤 했다. 작은 화분 하나를 사서 내 자리로 돌아오면 어딘가에서 나를 지키는 병정을 데려와 아무도 모르게 세워놓은 듯했다.

제라늄 화분이 그랬다. 제라늄의 초록색 굵은 가지와 붉은 꽃은 당찼다. 그렇게 사무실로 데려온 제라늄 병정을 책상 한쪽에 두었다. 첫한 주일은 잘 지냈는데, 가지 끝이 점점 말라갔다. 뉴욕 그리니치빌리지 아파트 창문 너머로 마지막 담쟁이를 바라보는 존시라도 된 듯 매일 계속해서 말라가는 줄기를 지켜봤다. 그럴 때가 있다. 그냥 감정이

입이 되는. 내 걱정에도 불구하고 가지 위쪽부터 수분이 빠지면서 말라가던 제라늄은 결국 죽고 말았다. 초록 병정은 사라졌다.

새로운 화초를 데려올 여유도 없이 회사 생활은 흘렀고 여전히 차가운 바나나를 먹으며 시작하던 아침, 회사에 사 개월 과정의 semi-MBA 교육생 모집 공고가 떴다. MBA 과정을 단기로 압축한 것으로 사 개월 동안은 회사로 출근하지 않고 해당 학교로 파견 인사 발령이 나는 교육과정이었다. 그동안 공고가 뜰 때마다 신청했는데 번번이 탈락했었다. 그런데 드디어 십 년 만에 교육생으로 선발되었다. 전화로 문자로 축하 인사가 날아들었다. 동료들은 자기들 몫까지 잘 다녀오라며 축하해 주었다. 이십 대 중반에 직장 생활을 시작했는데 다들 사오십을 넘긴 나이가 되었다. 그동안 쉼 없이 달려온 동기들이 어떤 마음인지 누구보다 잘 알고 있다.

매일 수업을 듣고 프로젝트 주제를 선정하고 지도교수님의 피드백을 받고 그러다 보면 보고서를 제출하고 발표해야 할 12월은 금방 다가올 것이다. 내가 회사를 다닌 삼십 년이 순식간에 지났는데 사 개월은 정말 순간이다. 아껴 써야지. 문방사우를 새로 준비했다. 겉이 보이는 투명하고 커다란 필통에 색깔별 포스트잇, 색연필, 아껴두었던 몽블랑 만년필을 넣었다. 매일 학교 앞 카페에 일등으로 가서 캠퍼스의 차가운 공기를 마시고, 계절과 자유를 만끽하고 싶다.

경영, 재무분석, 경영전략, 회계, 인적자원 관리, 공급사슬, 인공지

능, 프로그래밍, 인문학까지 광범위하게 배운다. 점심시간에는 학생들과 섞여 학교 식당에서 점심을 먹고, 커피 한 잔을 들고 캠퍼스를 산책한다. 수업을 마치고 도서관에 들르기도 했다. 곳곳에 가로등이 켜진 해 질 녘 캠퍼스 저녁은 지친 퇴근길의 느낌과는 사뭇 달랐다. 『미쳐야 미친다』, 『다산선생 지식경영법』 등 책으로만 알고 있던 정민 교수님을 직접 뵐 수 있다니 설렜다. 경쟁과 평가, 비교로부터 벗어나 존재하는 것만으로 충만해지는 시간으로 채워가고 싶다.

사 개월의 짧은 학교생활을 무엇으로 채울지 즐거운 고민을 하다 보니 사 개월을 사계절처럼 촘촘하게 느끼며 누려보자는 생각이 떠올랐다. 그래, 첫 달은 봄이라고 여기는 거야! 찢어진 청바지를 입고 공중으로 껑충 뛰어오르는 사진을 찍어야겠다. 돌무더기 사이에서 올라오는 새싹처럼 씩씩하게 말이다. 김밥을 싸서 봄 소풍도 갈까. 두 번째 달은 여름 삼아 무성해져야지. 무엇으로 푸르러질까. 차곡차곡 책을 높이 쌓고 도서관에서 책을 읽어야겠다. 세 번째 달은 11월이니 캠퍼스 언덕에 쌓일 낙엽 사이로 없던 길도 내면서 가을을 느껴야지. 마지막 달은 사계절로 보면 겨울이다. 내 직장 생활 중 가장 좋았던 짧은 학창 시절의 추억과 배움을 정리해야지. 차가운 겨울바람을 맞고, 학교 앞에서 붕어빵도 사 먹어야겠다. 그림책 『차곡차곡』을 읽으면서.

회사에 다닌 시간이 항상 좋았다고 말할 수는 없다. 육아로 지치고, 인간관계에 힘들고, 수시로 업그레이드되는 회사의 시스템을 쫓아가기에도 버거운 날들이 많았다. 그러나 돌이켜보면 그 문턱들을 하나하나 넘으면서 나는 조금씩 단련되었다. 나는 여전히 '되어가는 중'이다. 살고 싶은 삶을 향하고, 존재하고 싶은 모습을 향해 나아가는 중이다. 그림책 『단어수집가』처럼 삶과 죽음 사이에 넣고 싶은 새로운 낱말들을 모으기 시작했다. 가능성, 갈채, 평화, 갓길, 풍미, 소곤소곤, 우주, 깔깔, 존재, 의미, 바늘땀, 고래, 벽, 울타리, 틈, 노란 민들레.

이 모든 것을 하나로 꿰는 것은 '삶의 유한성'을 기억하고 살자는 다짐이다.

4.

오십 이후엔
남을 돕는 일이
나를 돕는 일이다

| 애나 |

애나 님 손에 들어가면
하찮은 일도 귀해진다고요!

"이 책은 뭐예요?"

"아, 이번에 인디언 보호구역(Indian Reservation)에 봉사 가니까 최소한 관련 서적 몇 권 읽고 가려고 읽는 책이에요."

"와, 애나 님 그게 부러워요. 무슨 일을 하든지 최선을 다하는 모습, 결과가 어떻게 나올지 모르지만 내가 할 일은 최선을 다한다는 그 자세. 실은 아까 컴퓨터로 봉사팀 식단을 짜고 준비 품목을 조목조목 짜 놓은 리스트 보고 정말 감동했어요. 나는 그곳에 가기도 전에 이미 그 정성 어린 천국의 밥을 다 먹었어요."

"그거야 저한테 맡겨진 거라 실수하면 안 되니까 그렇죠."

"밥하는 일을 하찮게 여길 수도 있잖아요. 물론 하찮은 일도 아니지만…. 애나 님 손에 들어가면 하찮은 일도 귀하게 만들어 내놓아요. 뭐든지 가치 있게 만들어 내놔요. 그거, 아무나 그렇게 못 해요. 애나

님이니까 하죠. 정말 멋있어요. 대통령보다 더 멋있어! 난 애나 님 덕분에 너무 감사하고 행복해요."

매년 두어 차례 교회에서 단기 선교를 가는데, 1주일 일정으로 중남미 대륙의 미개발 지역인 과테말라, 아이티, 온두라스, 코스타리카에 간다. 주로 한인 선교사가 파견된 지역 교회를 중심으로 어려운 이웃을 돌본다. 올여름에는 미국 내 인디언 보호구역으로 가게 되었는데 이들은 개신교에 대한 적대감(백인들이 인디언 말살 정책을 펼 때 개신교 목사들과 신부들이 앞장섰기에)을 갖고 있다고 해서 선교 전부터 바짝 긴장했다.

'인디언 보호구역' 방문을 앞두고 내가 셰프로 발탁되었다. 원주민들과 함께 식사하는 일요일엔 50명 분량, 나머지 일정엔 15명 분량, 아침 점심 저녁을 책임지는 셰프. 어떤 이는 레크리에이션, 어떤 이는 페인트 봉사, 어떤 이는 원주민들 선물 구입 담당 등 한 가지씩 맡기로 했는데, 셰프인 내가 짜놓은 식단표와 준비 목록을 지인이 본 거다. 눈밝은 지인이 용케 내 습성을 짚어주면서 칭찬을 퍼부어 주었다.

그때부터
삶이 숭고해졌다

　이민 19년 이래 가장 가치 있고 보람된 일이 두 가지 있다. 첫 번째가 애틀랜타 한국학교(Korean American School of Atlanta)에서 2세들에게 13년 동안 한국어를 가르친 일이다. 어쩌면 내 습성이 농익어 정점에 이른 시기가 그 시절이 아니었을까. 2세들에게 한국어만 가르치면 되는 일을 오지랖이 넓어 역사 문화까지 들이댔다. '백범 김구' 선생님을 수업에 끼워 넣고 백범일지를 읽혔다. 나도 그들도 애를 먹었다. 역사적 배경을 알아야 이해하는 백범일지라서 역사부터 차근차근 접근하느라 시간과 노력을 배로 쏟아부어야 했던 거다. '백범 김구 독후감 쓰기 미주 대회'에 참가시키고자 바쁜 학생들과 3개월간 주말마다 교실에 모여 토론하며 독후감 쓰기를 지도했는데 여기에 내 주말을 송두리째 바치기도 했다. 학생들과 정성을 다했더니 가슴 벅찬 일이 벌어졌다. '미주 백범일지 독후감 쓰기 대회'에서 대상, 최우수상을 여러 해 거머쥐었다. 더불어 학교의 위상도 올라가고 고국의 '백범 김구 재단'에서 수상 때마다 포상으로 학교에 도서 기증을 해주었다. 함께 울고 웃었던 2세들은 졸업 후에도 불쑥 커피를 사 들고 찾아와 나를 감동하게 했다. 몇몇은 아이비리그의 명문대에 합격했다고 기쁜 소식을 전해오기도 했다. 사실 2세들을 가르치는 일은 돈도 안 되는 일(시간당 페이)이었다. 오롯이 사명감과 봉사 정신 없으면 못 하는 일이었는데 지나고 보니 돈으로 환산할 수 없는 가치를 내게 안겨주었다.

당시 2세들의 일거수일투족은 생경한 미국을 알아가는 나의 창문이었다. "선생님! 내 그림이 학교 출입구 벽에 걸렸어요." 공부와 담쌓고 그림에만 진심인 J가 자신의 그림이 학교에 걸렸다고 좋아했다. 이는 개인의 타고난 재능이나 끼를 발굴해 인정하고 키워주는 미국 교육의 장점이었다. "선생님! 오늘 우리 학교가 풋볼 경기 나가서 한국학교 못 가요. 제가 치어리딩팀이라서요." 외동인 K가 다양한 경험을 통해 시야를 넓히도록 배려하고 개개인이 품은 리더십을 훈련하는 것은 미국 공교육의 근간이었다. 물론 13년, 그 긴긴 세월이 행복하고 즐겁지만은 않았다. 고등학생들이 금요일 밤마다 게임하고 잠을 안 자나? 토요일 아침 첫 수업부터 푸석푸석한 얼굴을 책상에 묻고 엎어졌다.

"얘들아, 너희 밤새 뭐했니? 교실이 침실 아니야! 똑바로 앉아라."

널브러진 꼴을 못 보는 내가 한마디하면

"똑바로 앉았잖아요!"

엎어졌던 H가 반쯤 감긴 눈을 치켜뜨고 대꾸했다. 맨 뒷자리에 앉은 J는 책상 밑에서 꼼지락꼼지락, 휴대폰 가지고 놀다가 나와 두 눈이 딱 마주치곤 했다.(언제나 휴대폰이 문제였다. 아이들의 영혼을 옭아맸다!)

"J, 휴대폰은 가방에 있어야 한다고 했죠. 꺼내면 압수한다고 했지. 당장 가지고 나와."

"아이참, 선생님 이번엔 게임 안 했다고요. 만지기만 했는데…. 폰 압수하면 또 언제 돌려줄 건데요?"

"수업 끝나고 집에 갈 때…. 교장실에서 찾아가."

휴대폰을 뺏겼다고 입을 닷 발이나 내밀고 짜증 내던 J. 아침부터 속이 들끓던 날도 여러 날이었다.

'아, 내가 이 짓을 왜 하나?'

"엄마 미국의 고등학생들이 얼마나 싸가지가 없는데요. 수업 시간에 선생님들을 얼마나 무시하는데요. 한국학교 그만해요. 뭐 하려고 그걸 해요."

작은아들이 말리기도 여러 번. 교실도 하나의 작은 사회였다. 질풍노도의 사춘기와 오십 먹은 갱년기 교사 사이의 긴장과 갈등이 하염없이 뿌려졌다. 양보와 협상, 희로애락이 무시로 파도치고 출렁거렸다.

사춘기가 극에 달한 2세들과 13년을 버텼던 건 다름 아니다. 한국학교 근무 5년 차 되던 해였다. 전기 엔지니어인 남편이 작업 점검차 현장에 나갔다가 발을 헛디뎌 낙상 사고를 당했다. 오른쪽 정강이뼈가 몇 조각이 났는데 수술 과정에 감염되어 세 차례의 수술과 재활 치료로 2년 6개월간 병원을 들락거렸다. 화장실도 샤워도 혼자 해결이 안 되는 상황이라 간호는 순전히 내 몫이었다. 어느 날 아침, 남편을 샤워시키고 물기를 닦아주다가 가슴을 쓸어내렸다. '아아, 이 사람이 시한부 환자라면 어쩔 뻔했나? 지금은 막막해도 시간 가면 낫는 병이잖아. 재기할 수 있잖아.'

경제적으로도, 심적으로도 바닥이던 그때 2세들은 나의 숨통이었다. 주 5일은 남편 태우고 병원과 재활센터를 오가고 토요일엔 한국학교에 갔다. 이른 아침 단정하게 차려입고 2세들 앞에 서면 날아갈 것 같았다. 사춘기 여학생들의 재잘거림, 걸걸대는 남학생들의 목소리마저도 싱그러웠다. 매일 환자 수발에 지친 나, 처진 나의 온몸은 수혈받은 것처럼 살아났다. 맑은 아이들이 내뿜는 신선한 공기는 내 세포 하나하나를 깨우고 활기를 불어넣어 주었다. '아아, 내 앞에 놓인 이 암울한 상황도 곧 풀릴 거야.' 아이들과 부대끼다 보면 희망이 솟구쳤다.

어둠 속에서 버팀목이 되어준 2세들이 고마웠다. 긴긴 병석에서도 매일 명랑한 얼굴로 책 보고 성경 보고 정신이 건강한 남편도 고마웠다. 나를 지탱해 준 버팀목들이었다. 날 보면 '뭐든 열심히 한다, 열정이 뜨겁다, 그 많은 에너지가 어디서 나오냐?' 묻는 이들이 많은데 죄다 이들에게서 나왔다. 물살 센 강을 용케 건너게 해준 이들, 남편은 그 사고를 통해 죽다 살아나고 나도 죽다 살아났다. 그때부터 삶이 숭고해졌다. 나와 함께 울고 웃고 응원해 준 이들, 그들에게 보답하는 길이 어려운 이들을 돕는 일 아니겠나. 내가 바닥에서 헤맬 때 건네주던 따뜻한 말 한마디, 기도 한 줄이 합하여 나를 살렸다. 어둠의 터널을 건는 이들을 보면 그냥 지나치지 못한다. 내 그늘이 생생하게 떠올라서.

내가 한국학교에 나가는 동안 내 아이들이 불편한 주말을 보내도 괜찮았다. 두 아들의 디베이트나 수학 경시가 토요일에 열렸는데, 남편은 출근하고 라이드 없는 녀석들은 택시 타고 경시 현장을 누비고 다녔다. 한국학교의 행사가 주말에 열리니 두 아들은 택시를 이용할 수밖에. 그러던 2020년 봄학기를 마지막으로 할 만큼 했다는 생각이 들어 2세들에게 안녕을 고했다. 인생 2막은 교민 사회 어른들을 위해 가치 있는 일을 하고 싶었다. 사표를 썼다.

북클럽은
나의 엔도르핀

두 번째로 내가 여전히 깨어 있다는 느낌을 받고 존재감을 만끽하고 있는 것이 북클럽이다. 까무룩 잊혀가는 고국의 추억을 소환해 그리움을 달래고 날로 쇠락해 가는 정신 줄을 붙들고 고양하는 북클럽이 3년 차이다.

"돈도 안 되는 북클럽, 시간 들이고 내 집 오픈하고 교안 짜느라 머리 쥐어짜고 3개월마다 책 선정하여 한국에 주문하고 항공 택배로 받아서 배부하고 아휴, 이렇게 번거롭고 귀찮은 일을 자처하다니요. 오십 중반에 아이들 뒷바라지도 끝나고, 이 황금기에 여행 다니고 나를 위해 살아야죠. 이 좋은 시기에 고생을 사서 할 필요가 있을까요?"

"그거 안 하면 당신 뭐할 건데? 여행도 하루 이틀이지….."

"그렇죠? 사실은 정말 해보고 싶은 일을 막상 하게 되니까 황홀해서 엄살떠는 거예요. 어른들의 북클럽, 그거요, 내가 정말 하고 싶었어요. 책이라는 도끼로 사람을 깨우고 나를 깨우는 일, 매력덩어리죠!"

남편도 거들고 고국에 있는 내 베스트 프렌드까지 야단법석이었다. 자기네들 일처럼. 그렇게 좋은 일은 꼭 해야 한다고. 친구 왈 "오십 대 황금기를 놓치지 않아야 노년에 인생이 허망하지 않아. 우리 나이엔 하고 싶은 일이 있으면 망설이지 말고 무조건 하고 봐야 해."

그토록 염원하던 공이 내게 오니 천하를 얻은 것처럼 좋다. 여름날, 텃밭의 야채를 보고 화들짝 놀란 적이 있었다. 오랫동안 비가 안 와서 고추와 부추, 깻잎이 철사처럼 메말라 먹고 싶기는커녕 바라보기도 힘들었다. 제각기 품은 향기도 나지 않았다. 색깔마저 누리끼리한 것이 이민 초기 먹고사는 일에 치여 까칠했던 내 모습 같았다. 책상에 앉아서 책 읽는 일이 사치였던 때였다.

"내 머리를 자르는데 엄마가 왜 이래라저래라 해요?"

"남학생 머리가 치렁치렁해서 그렇지. 눈까지 다 덮고 그게 뭐냐? 불량스럽게…."

"뭐가 불량스러워요. 엄마가 이상하게 보는 거죠. 다른 애들은 더 길어도 안 자른다고요."

아이들과 서걱거릴 때면 내가 시들어가는 채소와 다를 바 없었다. 그토록 물기 없는 시절을 겪었으니, 책의 향기로 새로워지는 북클럽에 환호하는 거다. 생업에 교회 봉사에 문학회 강의까지, 이리 뛰고 저리 뛰다 보면 과부하가 걸리기도 한다. 그래도 북클럽을 떠올리면 엔도르핀이 돈다. 북클럽 책을 보면서 나를 돌아보고 정직해진다. 겸손해진다. 발제하면서 생각이 깊어지고 넓어진다. 나누면서 마음이 돈독해지고 따뜻해진다. 이러니 내가 북클럽의 가장 큰 수혜자 아닌가!

'일일부독서구중생형극(一日不讀書口中生荊棘). 하루라도 책을 읽지 않으면 입안에 가시가 자라는 것처럼 입이 거칠어져 남을 비난하고 욕하고 말을 함부로 한다.'는 명심보감의 구절에 백 번 천 번 공감한다!

미국에 오래 사니까
한국말도 안 되고
미국말도 안 돼요

　북클럽용 책은 집중해서 읽는다. 이해가 완벽하지 않은 책은 두 번, 세 번도 읽는다. 두 번이고 세 번이고 읽는 데서 그치면 딱 좋겠는데, 머리를 쥐어짜며 교안을 짜야 한다. 이민 19년, 오랜 세월 미국에서 살다 보니 고국에 대한 모든 것이 아득하다. 무엇보다 우리말을 잊어가고 잃어가니 슬프다. 아프다. 안타까워서 발을 동동 구른다. 어느 날부턴가 대화 중에 적재적소에 필요한 단어가 떠오르지 않았다. 언어가 '존재의 집'이라는데 내 존재의 집이 무너질 위기였다! 나이 탓도 있겠지만, '애틀랜타 코리안 커뮤니티' 작은 사회 안에 갇혀 사는 '우리말', 내 좁은 울타리에 살던 '우리말'도 더는 못 버티고 그만 퇴화, 용불용설의 도그마에 갇혔다. 주말 오전에나 교회에 나가서 한국 사람 만나는데, 몇 마디나 쓸까. 매일 쓰는 생활 회화가 고작이다. 어느 날 젊은 엄마 대여섯 명을 모아놓고 아이들 진로에 관한 경험담을 들려주

는데 갑자기 머릿속이 캄캄해졌다. 고등학생들의 '여름방학을 이용한 리더십 프로그램'에 대해 알려주다가

"아이들 방학 때 디베이트… 그거, 그거 있잖아요."

"그거 뭐요…?"

"아, 그거, 그거… '캠프'요, 디베이트 캠프!"

"햐, 애나 님도 늙고 있군! 우린 다 같은 늙은이야! 고소해…."

제기랄, 마실 갔다가 형광등처럼 들어오는 '캠프'…. 옆에서 듣고 있던 K는 다 같은 늙은이라고, 여섯 살이나 적은 나를 동급으로 몰아갔다.

"북클럽 지금 5명 모였는데 우리끼리 먼저 시작해요!"

이처럼 반가운 소리가 또 있을까? 꽃다운 청춘, 서른에 이민 와서 30년 가까이 산 L, 그도 나처럼 존재의 집이 무너질 위기였나? 3년 전 8월을 여는 첫날, 5명을 몰고 왔다.

"미국에 오래 사니까 한국말도 안 되고 미국말도 안 돼요. 아름다운 우리말, 입에 찰싹 붙어 있던 수많은 말들, 그렇게 많던 어휘가 다 어디로 사라졌을까요? 척하면 후다닥 튀어나왔는데…. 미국에서 오래 살다 보니 기억 창고에 살던 어휘들이 몽땅 사라졌어요."

'남을 가르치는 사람이 가장 많이 배운다.'는 진리를 익히 알고 있는 나 아닌가! 두말없이 북클럽을 열었다. 같은 책을 읽고 왔는데 생각이나 느낌은 십인십색! 언어가 살아나고 생각이 넓어지는 것만으로도 나는 애쓰는 수고를 다 보상받는다.

북클럽 오래 하다 보니
남편을 안아주게 되었어요

"북클럽 오래 하다 보니 사람이 바뀌었죠. 제가 변했어요. 처음엔 책한 권 읽는 것도 힘들었어요. 두 번 읽어야 조금 이해되고…. 한 가지를 오래 붙드니까 변화가 찾아오네요. 책을 읽고 이야기를 나누면서점점 사람을 이해하고 배려하는 마음이 생겼어요. 사실 오랜 세월 남편이랑 불통했어요. 대화가 안 돼서 마음을 닫고 살았거든요. 싸울 때마다 2주일이고 10일이고 삐져서 서로 말도 안 하고 남남처럼 살았어요. 이 책 읽는 내내 반성했어요. 김훈 선생님이 '밥이 가족들을 한자리에 불러 모으고 사람들을 거리로 내몰아 밥을 벌게 한다잖아요. 밥은 대책이 없다면서 죽는 날까지 때가 되면 먹어야 한다고 진저리나는것이 밥'이라고 했는데 그 눈물 나는 밥벌이를 내 남편은 가족을 위해평생 하고 있더라고요. 그 부분 읽고 정말 가슴이 아팠어요. 남편에게잘해줘야겠다고 생각했어요. 이제는 안 싸워요. 부딪히는 일이 있으면 내가 얼른 남편 뒤로 가서 목덜미를 끌어안고 꼭 안아줘요."

"와우, 정말 반가운 소리네요. 그럴 때 남편의 반응이 어땠어요?"

"좋아하죠. 굉장히…. 이젠 남편과의 관계가 아주 편안해졌어요. 책을 읽고 책 내용과 북클럽에서 나눈 이야기를 들려주니까 남편도 이 북클럽 함께하는 거죠. 하하…. 남편도 달라졌어요. 닫혔던 마음의 문이 열린 거죠. 무엇보다 제가 많이 변했어요. 좋은 책 읽고 좋은 생각 나누는 북클럽 열어줘서 정말 감사해요."

괄목상대라더니, K는 정말 눈을 비비고 봐야 할 만큼 가장 많이 변화하고 발전했다. 북클럽에 처음 왔을 때 쑥스러워서 자기 생각도 이야기 못 하고 책의 내용 파악이 안 돼 고개를 갸우뚱하며 긴장하던 K가 적극적으로 발언하기 시작했다. 자세히 보니 그가 사용하는 어휘가 상당히 고급스럽고 얼굴까지 달라졌다. 북클럽에 처음 왔던 그날의 건조한 표정이 아니다. 입꼬리도 몇 센티나 쑥 올라갔다. 축 늘어진 머리카락에 메마른 얼굴만큼 꽁꽁 닫혔던 K가 북클럽을 통해 얻은 변화에 기쁘기 그지없다.

내가 나를 팔아야 하는 시대. 스펙 좋은 사람이 하도 많아서 길가에 돌멩이처럼 차이는 이 시대, 사람을 변화시키는 일에 나의 일천한 재능을 팔았더니, 내 존재감이 쑥 올라갔다. 그러고 보니 존재감은 순전히 외부에서 왔다. 혹시 이 글을 읽는 그대, 기억력도 곤두박질, 기력도 열정도 예전 같지 않아서 그대로 주저앉을까 봐 두려운가? 인생 2

막, 누구랑 무엇을 하며 어떻게 살지 고민 중인가? 그렇다면 봉사할 일을 찾아라. 나이 들수록 나의 쓸모가 중요해지는데 봉사 활동에는 제한이 없다. 나의 작고 미미한 재능도 봉사 활동에서는 마냥 귀하게 쓰이니 기꺼이 그곳에서 나를 팔아라.

어느 날 공자의 제자 자공이 공자에게 물었다.

"만일 아름다운 옥이 있다면 장독 속에 감추어야 합니까? 아니면 충분한 값을 받고 팔아야 합니까?"

공자가 대답했다.

"팔아야지, 팔아야지. 나는 팔리기를 기다리는 사람이다."

− 『논어』, 제9편 「자한」 중에서

내가 문학회 강단에
서는 것은

"우리 같은 늙은이들은 누가 안 불러줘요. 집 안에 들어앉아 있으면 하루 종일 전화 한 통도 안 와. 그러니까 우리 스스로 어디든 나가야 해…"

문학회 모범생인 H, 칠순을 훌쩍 넘긴 H는 십여 년 전까지만 해도 분가한 아들 집에 드나들면서 손자를 봐주셨다. 이제 그 손자도 다 커서 할 일이 없는 요즘, 자신의 존재 가치를 잃지 않기 위해서 불러주는 이 없고 오라는 곳 없어도 사람 찾아 취미 찾아 나선다는 H.

문학회 모임이 열린 목요일 오후 6시였다. 그날도 H는 하늘거리는 옥빛 치마에 하얀 재킷을 입고 연분홍 스카프를 두르고 앞자리에 앉아 계셨다. 애틀랜타 각 지역에서 오는 이들은 일에 묻혀 살다가 마음의 허기를 채우러 오기도 하고 H처럼 사람의 온기로 기운 받아 글 쓰러 오기도 한다. 회장님의 인사와 공지 사항이 끝나면 강의를 시작한다. 열댓 명이 강사의 일거수일투족에 시선을 고정하고 질문이 오가다 보면 사십 분이 눈 깜짝할 사이 공중분해 된다. 강의를 마칠 무렵 H가 손을 번쩍 들었다.

"선생님, 지난번 일간지에 실린 제 시가 어떻게 태어났는지 말해도 될까요?"

"아, 그럼요!"

"지난달 선생님이 내 하루, 내 삶을 잘 관찰하라고 하셨잖아요. 그중 마음 가는 일을 하나 붙들고 떠오른 단어 죽죽 써보고 그걸 가지고 말이 되든 안 되든 몇 줄이라도 써보라고 하셨잖아요. 꽃샘추위가 뼛속을 뚫고 들어온 날 천국 간 남편이 간절했어요. 남편과 연애하며 짜릿했던 감정을 떠올리면서 한 줄 한 줄 눌러썼어요. 오갈 곳 없던 날, 남편을 만났던 날, 울고 웃던 날 떠올리면서 썼더니 시가 되었어요."

"하하, 잘하셨어요."

"이왕이면 앞에 나가서 읽을게요."

일순 남편과 연애하던 시절로 거슬러 올라가 시를 낭송하니 얼굴에 꽃등이 켜졌다. 벚꽃 같은 웃음을 달고 연애담을 단숨에 풀어놓는데 풋풋하고도 애잔하다.

"앨라배마의 작은 도시, 국제결혼한 부부들을 섬기는 교회에서 목회하던 남편이 마흔다섯에 과로로 간이 나빠지기 시작했어요. 결국 이식 수술하다가 천국 갔어요. 내가 마흔셋에 혼자 되어서 아이 셋을 키웠어요. 큰애가 열여섯, 작은 애가 열다섯, 막내가 열한 살인데 어떡해요. 매일 새벽 2시 반에 일어나 기도하고 아이들 아침 준비해 놓고 5시 반까지 출근했죠. 병아리 감별하는 일을 했는데 그때만 해도 페이가 좋았어요. 다행히 아이들이 성실하고 공부를 잘해서 셋 다 장학금 받고 공부하고…. 이젠 다 가정을 이루고 사회에 공헌하면서 잘 살아요. 고맙지요."

문학회 멤버들의 처한 사정이 이렇다. 일찍 이민 와서 일가친척 하나 없는 허허벌판, 거친 광야에 베이스캠프를 쳤다. 그곳에서 아이들을 키우고 밥을 벌어 먹고사느라 내 인생에 내가 빠져버린 채 중년에 이르고 황혼에 이른 이들, 이구동성 외친다. '학창 시절 소설을 즐겨 읽고 글도 끄적거리고 글쟁이가 되고 싶었노라고!'

그들이 오늘도 제 발로 문학회에 나온 이유이다. 늙고 쇠락하고 병들 일만 남아 있는 몸을 일으켜 세워서 제 존재의 밭을 갈고닦아 세상과 소통하고 영영 이별하는, 그 순간까지 깨어 살고 싶은 거다. 생의 마지막까지 인간의 존엄성을 지키고 싶은 거다. 아스라한 젊은 날의 희로애락을 소환해 글밭을 일구며 '오늘 밤까지 살고 동시에 영원히 살기'를 소망하는 이들, 심연을 건너온 인생을 풍경으로 새기고 싶은데 대체 어떻게 새겨야 할지 감이 안 오는 이들, 그들이 손꼽아 기다리기에 부족한 내가 문학회 강단에 선다.

"글쓰기가 정말 어려워요. 문장을 어떻게 써야 할지도 모르고. 한 문장 쓰기도 어려운데 애나 선생님 강의 듣고 가면 뭐라도 끄적거리게 되더라고요."

"선생님, 글 쓰는 걸 아주 두려워하는 분도 있으니까, 강의 시간에 글 써 오라고 하지 마세요. 강의 시간에 글 쓰라고 하면 스트레스 받아서 안 나올 분들도 있으니까 당부드려요."

문학회를 이끄는 회장님의 당부를 듣던 순간 '글 안 쓰려면 문학회 강의는 왜 나오시나?' 반감이 생기던 날도 있었다. 그 말씀에 공감하는 데 며칠이 안 걸렸다. 이민 온 지 반백 년도 넘는 분들 아니던가! 젊은이들도 안 읽는 책을 그것도 한글로 된 책을 즐겨 읽는 것만도 존경스러운 일 아닌가. 오십, 육십 심지어 칠십을 훌쩍 넘긴 분들이 머리에 슨 파란 녹을 벗겨내고 사색하고 시를 쓰고 삶을 쓰고 싶어도 두려워서 엄두를 못 낸다는데 재촉하지 말아야지. 기다려 드려야지.

그래도 생각을 깨우고 노화를 늦추라고 종종 숙제를 내준다. "한 달 후에 또 뵐 거니까 가장 기쁜 날도 좋고, 슬픈 날도 좋고, 마음이 아픈 날도 좋아요. 겪은 일을 한 가지만 자세하게 써 오세요. 강의 끝날 때 한 사람씩 낭독하고 나누면 마음도 뿌듯하고 어눌해지는 발음 교정도 되고, 자신감도 생겨요. 그러면서 글쓰기가 수월해지는 겁니다." 아, 말 잘 듣는 어린아이들 같다! 어느 날은 네 분이나 써 왔다. 감동, 감동이었다. 최고령자인 팔십 세의 K가 병석에 누워 계신 남편의 이야기를 써 와서 낭독하는데 한참 동안 침묵이 흘렀다. 가슴이 먹먹했다.

죄다 눈가에 그렁그렁한 것이 맺혔다.

　추운 날에도 비가 오는 날에도 여기저기서 무거운 몸을 털고 설렘을 안고 달려오신다. 매월 둘째 주 목요일 오후 6시에 모이는데 어둠이 일찍 내리는 겨울에는 강의 듣고 식사 나누고 서둘러 빠져나간다. 밤 길 운전하는데 눈이 침침하다고.

피닉스에 사는 인디언이
김치 불고기 잡채
다 좋아해요

"미국 땅의 주인이 어떻게 흑인보다 못 살아요? 히스패닉보다 못 살고. 코리안 아메리칸도 성실하게 일하는 사람들은 다 잘살잖아요. 이들은 영어도 잘하는데 왜 이렇게 사냐고요?"

네이티브 아메리칸을 만나던 저녁, 일행 11명이 이구동성으로 쏟아낸 탄식이었다. 끝없이 펼쳐진, 지평선이 수평선처럼 보이는 광야의 온도계는 화씨 104도를 찍었다. 잿빛 땅에 누런 건초가 바람에 흔들거리고 하얀 뭉게구름 유유자적하는 파란 하늘이 야속할 만큼 원주민들의 삶은 꼬일 대로 꼬여 있었다. 누렇게 뜬 얼굴에 자글자글한 주름, 희멀겋게 풀어진 눈, 처진 볼, 표정 없는 얼굴은 병든 그들의 정신을 여과 없이 드러냈다.

삶이 한으로 얼룩진 그들이 교회 친교실로 점심밥을 먹겠다고 모여들었다. 눈 맑은 어린아이부터 어른들까지 일렬로 줄을 섰다. 일회용

식판을 들고 엉거주춤 들어오는 그들에게 우리 일행은 큰 소리로 인사했다.

"어서 오세요. 반가워요. 불고기예요. 시도해 보실래요?"

"네. 먹어봤어요. 김치도 정말 좋아해요."

애틀랜타 하츠필드 공항에서 4시간 하늘길을 달려 도착한 곳이 애리조나주의 주도 피닉스(Phoenix), 그곳에서 또 렌터카로 4시간을 달리는데 광활한 사막이 끝도 없이 펼쳐진다. 사람 키보다 더 큰 선인장들이 허허벌판에 우뚝우뚝 서 있다. 컨테이너 모양의 작은 집들이 간간이 보이는데 그곳이 원주민의 집이란다. 사방이 뚫린 하늘 아래 광활한 땅, 공간은 말할 수 없도록 드넓고 확 뚫렸으나 땅은 불모지이다. 뚝뚝 떨어진 초라한 집들의 외벽이 우중충한 회색빛인 인디언 보호구역, 그 보호구역에 사는 부족 중의 하나가 호피 부족이다. 광야의 골짜기에 내몰린 이들이 불고기를 좋아하고 김치는 더 좋아한단다.

"불고기, 잡채, 새우튀김, 구운 만두, 샐러드, 김치 다 좋아해요."

방문 전 대한 감리교회협의회에서 파견한 젊은 선교사 부부와 줌 미팅하던 날, 원주민들이 좋아하는 음식을 귀띔해 주었다. 불고기는 재서 얼리고 김치는 담가서 밀봉하여 쿨러에 넣어서 짐으로 부쳤다.

한국 사람보다 한식을 더 잘 먹고 더 좋아하는 이들, 평생 이런 환대를 누구에게 한 번이라도 받아보았을까? 네버 에버(Never ever)! 셰프 역을 맡은 내가 내 가족 음식 만들 때보다 더 정성을 기울였던 이유다. 한국에서 공수한 고춧가루와 참기름을 준비했다. 참깨는 말갛게 씻어서 볶았다. 감칠맛을 내려고 배와 양파, 마늘, 생강 등을 갈아 양념을 만들어 불고기를 재고 밑반찬을 만들었다. 김치를 담글 때도 그랬다. 애틀랜타 우리 집 텃밭에서 기른 붉은 고추를 갈아서 양파, 배, 새우젓, 액젓을 섞어 버무렸다. 소스의 천국인 미국에서 샐러드 소스도 올리브유에 천연 재료를 넣고 손수 만들었다.

남을 돕다 보면
삶이 더욱 귀해진다

해발 2000피트까지 굽이굽이 비좁은 도로를 타고 올라가니 평지가 드러난다. 거대한 하늘 아래 평평한 땅, 그 땅이 MESA(신성한 땅이라는 의미), 원주민의 전통 마을이다. 연중 몇 차례 한곳에 모여 신께 제사를 지내는데 살아 있는 독수리를 잡아서 다리를 묶고 제를 올리고 그 제물은 불태운다고 했다. 어느 날은 남자들만 모여서 춤을 추고 어느 날은 여자들만 모여서 춤을 추는데, 즐거워서 춤을 추는 게 아니라 삶이 너무 슬프고 견디기가 힘들어서 춤을 추는 거란다. 이런 전통을 수백 년째 잇는데 추장이 마을을 이끈다.

인디언 보호구역은 '아메리카 원주민 부족들이 인디언 보호국의 허가 아래, 주의 통치를 받지 않고 일정한 자치를 누리는 공간'이라고 들었다. 현재 미국 내에는 326개의 원주민 보호구역, 567개의 부족이 거주한다. 보호구역은 22만 5,410제곱킬로미터, 미국 영토의 2.3%밖에 안 된다. 대륙의 주인은 불모의 땅으로 쫓겨나 거지처럼 살고 정착민들은 주인의 기름진 영토에서 떵떵거리고 산다. 이런 아이러니가 미국 땅이다! '인디언 보호구역은 입법, 사법, 행정, 의회까지 가지고 있는데 자치권을 행사하는 대신 미 연방정부에 대해서 투표권을 행사할 수 없고, 투표권을 가지려면 자치권을 팔아야 하고 투표권이 없으니까 미국 정치인들에게 냉대받는다.'고 한다.

인디언 전통을 이어가는 메사 마을의 원주민인 루딘네를 방문했다. 방 안 침대 옆에 옷가지가 산더미처럼 쌓였다. 3살부터 15살까지 5명의 아이는 사자 머리를 하고 어두컴컴한 방바닥에서 뒹굴고 있었다. 방 2칸의 집에서 가난과 더불어 사는 루딘네, 200파운드도 능가하고 남을 몸무게를 가진, 나이 마흔도 안 되어 보이는 루딘은 손으로 도자기를 빚는다. 그날도 루딘은 곧 무너질 것 같은 나무 의자에 걸터앉아서 회백색 점토를 주무르고 있었다.

"도자기 빚는 걸 어린 시절에 부모님께 배웠어요. 내가 도자기를 빚어주면 남편이 인디언 전통 문양을 새겨넣고 색칠하고 가마에 구워요. 작품은 페이스북에 올려놓고 온라인으로 주문이 들어오면 택배로 보내줘요."

선교사의 정보에 의하면 메사 마을에도 부자들이 있단다. 이들은 도자기를 빚는 사람들이나 수공예를 하는 사람들. 그렇다면 루딘네는 왜 찢어지게 가난할까? 루딘이 빚은 도자기는 지역 전시회에도 출품하고 온라인에서 작은 항아리 하나에도 몇백 불씩 팔린다는데…. 루딘은 도자기 판 돈을 어디에 쓸까? 루딘을 비롯해 집마다 알코올중독, 마약중독자가 있었다. 현금이 있으면 술 마시고 마약 하기 바쁘단다. 불모지에서 희망 없이 사는 원주민들이 기댈 곳은 술과 마약이란다.

"가족 중에 누군가 감옥에 있으면 오히려 안심해요. 밥 주고 재워 주고, 안전하니까요. 술에 취해서 겨울엔 길거리에서 얼어 죽기도 하거든요."

전기, 식수 공급도 어려운 사막의 땅에 미국 정부에서 내놓은 대책이 카지노, 도박장 허가권을 내주고 운영할 수 있게 하는 것이었다. 기대 수명도 짧고 영양실조와 빈곤에 시달리며 매일 눈앞에서 벌어지는 일이 도박이라니…. 사막을 달리는 동안 간간이 카지노가 보였다. 그 건물만 현란했다. 간혹 보호구역에서 탈출하여 도심으로 나가기도 하지만 이내 사회 부적응자가 되고 더 나쁜 상태로 돌아와 중독에 빠지거나 홈리스가 된다. 미국 사회에서 이들을 받아줄 시스템이 열악하니 적응이 어렵다. 결국 패배감에 사로잡혀 생을 포기하는 이들도 많다.(원주민 청소년 자살률이 미국 내 청소년 자살률보다 12배, 알코올중독 사망은 미국 평균의 4배) 우리가 찾아간 호피 부족에게서 인간의 존엄이라고는 찾아볼 수가 없었다.

5박 6일, 짧은 여정에 이들과 함께 밥도 먹고 이야기도 듣고 생생한 주거 현장을 목격했다. 화장실도 동네 공중화장실을 이용하고 식

수 공급이 안 되는 메사 지역은 물을 길어다 먹는다. 고등학생인 루딘의 딸은 '방과 후에 물을 길어 나르고 주말엔 도자기 빚을 점토를 들판에서 캐 온다'고 했다. 아이들도 생활의 무게를 함께 지는 거다. 머무는 내내 천근 바윗덩이가 가슴을 누르는 양 답답했다. 우리 같은 방문객이 두움의 손길을 내밀기도 하지만 계란으로 바위 치기. 국가가 나서서 이들을 구출하지 않으면 이들의 삶은 수렁에서 허우적거리다 끝나는 거다. 사막이라 학교에 교사들도 안 온다. 대부분 필리핀에서 젊은 교사들이 와서 아이들을 가르치는데 그 조건이 5년 근무하면 미국 정부에서 영주권을 주는 것이라나. 아이들이 주류 사회로 진출하도록 교사들이 이끌어주기를 간절히 바랄 뿐, 원주민들의 구출은 사람의 힘으로 할 수 없다는 생각, 신의 손길이 미쳐야 한다는 생각, 정부가 범국가적으로 나서야 한다는 생각, 원주민을 만나고 나니 머리가 복잡했다. 두 발 딛고 서 있는 미국 땅, 미국인이 싫어졌다. 그래도 Keep going! 연중 한 번은 그들을 찾아가는 일, 매월 일정 금액을 생활비에서 떼어 도네이션하는 것만이 내가 할 수 있는 일이다.

오십 줄에 이르니 한 번밖에 없는 생이 아니, 하루하루가 그렇게 짧을 수가 없다. '건강하게 깨어 살 시간이 많지 않구나!' 생각하니 마음이 급해진다. 오십까지의 생은 나와 내 가족을 일으켜 세우는 데 썼으니, 오십 이후엔 남을 돕는 일로 내 인생을 완성하고 싶다. 물론 보람된 일을 하고 싶다고 그런 일이 절로 찾아와 주지 않는다. 늘 관심사에 레이더를 켜놓고 두 발로 찾아 나서야 한다. 한국학교도 북클럽도, 선교도 내게 그렇게 다가왔다. 나와 상대가 동시에 기운을 얻고 함께 변화하고 함께 성장하는, 남을 돕는 일을 하다 보니 삶이 더욱 귀하고 더욱 소중해진다. 그렇기에 남을 돕는 일은 나를 돕는 일이 된다.

'풀꽃'의 아이콘, 나태주 시인은 방문객들이 오면 풍금 치고 노래를 불러준단다. 남을 위해 부른 거지만 그 덕이 자신에게 오더라고.

"그게 참 신기한 느낌이에요. 남을 위해서 하는 것이 곧 나를 위해서 하는 거예요. 그걸로 인해서 내가 기쁨을 얻고 만족감이 올라와요. 내가 나를 '괜찮은 사람'으로 인정하게 되죠."

― 『나태주의 행복수업』 중에서

귀여운 시인의 말에 "맞아요!"를 꾹꾹 눌렀다.

아직 내게 얼마큼의 시간이 남았는지 알 수 없지만 남은 생은 사람 속에서 신이 내게 하사한 재능과 에너지를 나누면서 함께 호흡하고 싶다. 오늘도 주변을 살핀다. 혹시 내가 도울 일 없나?

사흘 전 서른 초반의 젊은 지인이 둘째를 낳았다. 산후조리해 줄 사람이 없어서 남편이 2주 휴직했단다.

"공주 아빠가 공주도 챙겨야 하고 아기 목욕도 시켜야 하고 요리까지 하려면 힘들겠네요. 내가 미역국 한 솥 끓이고 찰밥 해다 드릴게요."

"정말요? 너무 감사해요! 저 찰밥 정말 좋아해요!"

해산한 젊은 엄마의 낭랑한 목소리에 기분이 좋아졌다. 행복이 온몸을 타고 흐른다. 봉사의 묘미다. 얼른 계산기를 두들겨봐도 되로 주고 말로 받는 것이 남을 돕는 일이다. 내 작은 관심과 손길이 어두운 터널을 걷고 있는 어떤 이에게는 기운이고 희망이다. 받은 고마움에 얼른 털고 일어나고 싶고, 받은 고마움에 열심히 살고 싶어지는 것이 사람이다!

5.

부산에 살지만
부산을 여행한다

| 김나경 |

나의 구서동
- 끝과 시작의 동네

독립해서 처음 살기 시작한 동네는 구서동이다. 농담 삼아 '구석동'
이라고 부르곤 한다. 그 구서동과 옆 동네에서 30년째 살고 있다. 구
서동은 경부고속도로의 시작 지점이자 동해안을 따라 강원도까지 가
는 7번국도 부산 마지막 구간이다. 부산 도심에서 멀리 떨어져 있고,
부산 지하철 1호선 종점이 바로 가까이에 있다. 부산의 북쪽 끝 변두
리 동네이면서 부산에서 다른 지역으로 떠나는 출발점이기도 하다.
끝 동네이면서 시작인 이곳이 내가 사는 곳이다.

결혼하기 전까지 살았던 친정은 부산 지하철 1호선 반대편 종점 가
까운 곳이었다. 오십을 넘게 살면서 1호선 종점에서 반대편 종점으로
이동한 셈이다. 내가 다닌 대학이 지금 살고 있는 동네에 있다. 대학
에 입학했던 스무 살쯤에는 아직 지하철 공사가 끝나지 않아서 한 시
간 가까이 지하철을 타고 갔다가 다시 버스로 갈아타고 집으로 가야

했다. 먼 통학길이었지만 나는 대학교가 있던 이 동네가 마음에 들었다. "나중에 나는 금정구에 살 거야."라고 했는데 진짜 그렇게 되었다.

동네 뒤로는 금정산이 있고, 앞으로는 윤산이 있고 그 사이에는 온천천이 흐른다. 부산이라고는 하지만 바다와는 거리가 먼 내륙분지라서 여름에는 덥고 겨울에는 춥지만, 대도시라고 볼 수 없을 만큼 한적하고 자연 친화적인 동네다. 부산에서 가장 크고 높은 산인 금정산이 있고 회동수원지라는 큰 저수지도 있다. 집만 나서면 걷기 좋은 온천천 길이 있고 둘레길이 있다.

2020년 2월 초였다. 그날은 정월대보름이었는데, 걷기 모임을 하는 이들과 함께 명장동 쪽에서 수원지 둘레길을 따라 걸어 오륜대에 도착하고 보니 사람은 아무도 없고 달집태우기를 위해 준비해 놓은 커다란 달집이 혼자 서 있었다. '코로나로 인해 달집태우기 행사는 취소되었습니다.'라는 안내문이 행사장에 쓰여 있었다. 아직 우리 지역 최초 코로나 환자가 발생하기 전의 일이었다.

나는 막 오십 대가 되었고, 그해 봄이 되자 코로나19는 전국적으로 확산되기 시작했다. 4월 한 달 동안은 하는 일을 잠시 중단할 수밖에 없었다. 출근하지 않는다고 집에만 있을 수도 없어서 운동화를 신고 밖으로 나갔다. 금정산 둘레길을 걸었다. 내 오십 대는 이렇게 코로나와 함께 시작되었다.

동네 산책러에서
부산 여행자로

학교 밖에서 아이들을 만나고 가르치는 일을 25년째 하고 있다. 아이들 시험 기간이 되면 주말에도 휴일에도 일을 한다. 벚꽃의 꽃말이 '중간고사'라는 건 봄날 딱 좋은 계절에 아이들과 함께 시험 대비를 하느라 꽃구경 한 번 못 가는 동종 업계 종사자가 만든 이야기가 아닐까. 봄날만 그런 건 아니다. 봄에는 그나마 비라도 자주 와서 덜 아쉬운데, 2학기는 워낙 짧아서 시험 대비를 하다 보면 단풍이 지는지 가을이 가는지도 모르게 가을날을 보낸다. 10월에 긴 연휴가 있어도 여행 계획 한 번 짜기 어렵다. 2학기 중간고사가 딱 그 무렵이기 때문이다. 주 5일제가 완전히 자리 잡고 이제 주 4일제까지 논의되고 있지만, 자영업자에게는 먼 나라의 이야기이다.

코로나19의 그 시절이 없었더라면 밤늦게 퇴근하고, 주말에도 남들처럼 쉴 수 없는 내 일에 불만이 없지 않았겠지만, 언제 다시 일할 수 있을까? 불안했던 그 시간을 보내고 나니 모든 아이가 다 귀중하고 밤이고 주말이고 아이들을 만날 수 있는 시간은 언제라도 소중하다. 성숙은 역시 시련을 먹고 자란다.

그렇다 보니 먼 여행보다는 가까운 곳에서 자연과 만날 수 있는 우리 동네가 좋고 동네 산책이 무엇보다 중요한 일상이 되었다. 다행히 우리 동네는 바다 빼고는 다 있지 않나. 거기다 차를 타고 30분만 나가면 바다를 실컷 볼 수 있는 여기는 부산.

내가 쉰 살이 되던 해에 딸아이는 스무 살이 되었다. 우리 어른들보다 더 갑갑한 대학 신입생 시절을 보내야만 했던 아이들이었다. 자녀의 수험 생활이 끝난 주변 지인들을 보면 막내가 대학에 입학하고 나면 여행을 많이 다니기 시작하던데, 우리는 그때 코로나였다. 격리와 봉쇄가 심했던 1, 2년이 지나고 나니 떠날 사람들은 다 떠났지만, 자영업자는 남들 쉴 때 쉬기 어렵다. 그래도 마스크와 함께 3년이 지나고 나니 어디라도 떠나보자, 싶은 마음이 조금씩 생기기 시작했다.

그리고 딱 그 무렵 2023년 여름, 당장 떠나라고 속삭이듯 유혹하는 〈박하경 여행기〉를 만났다. 〈박하경 여행기〉는 고등학교 국어 교사인 박하경이 하루 동안 떠나는 국내 여행 드라마다. 토요일 아침에 떠나서 그날 돌아오는데, 해남, 군산, 부산, 속초, 대전, 서울, 제주 그리고 경주까지 짧은 여행을 떠나고 그곳에서 사람들을 만나는 이야기다. 모두 하루 여행인데, 부산에서만 일박을 한다. 8편의 에피소드는 모두 재미있었는데, 그 가운데 6화 '비 오는 토요일' 편이 특히 마음에 들었다. 박하경은 비가 오는 바람에 늦잠을 자서 기차 시간을 놓치고 자신이 살고 있는 동네—서울—여행을 떠나게 된다. 그때 나오는 대사가 바로 "안 가본 길로 가보자. 살고 있는 동네에서도 모험은 가능하다."였다.

사실 코로나는 핑계고, 사느라 바쁘고 겨우 쉬는 날 멀리 떠나는 것의 피로와 불편함도 좋아하지 않는다. 박하경이 6화에서 갔던 서울 국립기상박물관에서 같은 학교 동료 교사를 만나는데, 일요일은 월요일 출근을 위해서 집에서 쉬어야 하기 때문에 토요일 딱 하루만 나갔다 온다는 말에 정말 공감이 갔다. 더 나이 들기 전에 많이 다니라고 하는데, 휴일에는 그저 쉬고 싶다. 떠나지 못하는 이유는 많다. 그런데, 토요일 하루 반나절 여행이라니 그것도 좋은데 아예 살고 있는 동네에서도 모험이 가능하다고 말해 주니 얼마나 반가웠는지 모른다.

아무 데도 안 가자니 허전하고 멀리 갔다 오면 피곤한데, '살고 있는 동네'라니 얼마나 좋은가! 알고 보면 부산 안에서도 내가 안 가본 길은 정말 많다. 부산에서 태어나 부산에서 55년째 살았고 금정구에서만 30년이다. 산 좋고 물 좋고 공기도 좋은 동네에서 살다 보니 떠나야 할 이유를 찾지 못했는데, 코로나 3년이 부산에 살지만 부산을 여행할 이유를 만들어주었다.

박하경이 말했던 살고 있는 동네에서의 탐험에 나는 갑자기 신이 났
다.

부산에서도 모험은 가능하다고? 가만히 생각해 보니 내가 부산에
대해 아는 것이 너무 없었다. 누구나 가까이 있는 사람에게는 다정하
게 대하기 어렵고, 늘 곁에 있으면 그 가치를 알아보기 어렵다. 자, 부
산 여행이다.

살고 있는 곳에서도
모험은 가능하다

첫 부산 탐험은 가덕도 외양포 마을이다.

무슨 일이든 새로운 일을 시작할 때는 그 분야에 대한 책을 최소한 열 권은 찾아 읽으라고 그랬던가? 도서관에서 '부산'이라는 검색어를 쳐보니 예상했던 것보다 많은 책이 있었다. 하지만 기대했던 것보다 재미있는 책은 드물었는데, 그중에 마음에 든 게 『교실에서 못다 한 부산이야기』였다. 저자인 허정백 선생님은 중학교 지리 선생님인데 군대에 있었던 3년을 빼고 부산에 살았단다.

가장 흥미롭게 읽은 건 가덕도 외양포에 대한 부분이었다.

가덕도는 부산과 떨어져 외딴곳에 있는 조용한 섬이고, 오랫동안 신공항 건설 논란이 있다는 정도만 알았는데 그곳에 1905년 러일전쟁 당시에 일본군 포진지가 있었다는 사실을 처음 알았다. 일제의 침

탈은 초량과 부산항을 중심으로 이루어진 줄만 알았는데, 부산항에서 한참 떨어져 있는 작은 어촌도 전쟁을 피할 수가 없었다니. 이 책을 읽고 나서 가덕도에 있는 외양포를 꼭 가보고 싶었다.

책 속 표현 그대로 '어디 외지라도 가듯이' 가는 외양포였다. 가는 길 곳곳에 한가롭고 평화롭게 보이는 작은 어촌들이 마치 그림처럼 있었다. 도착해 보니 지척에 거가대교와 거제도가 보였다. 이 아름다운 남해의 작은 포구에 오랜 세월이 흘렀지만, 일본군 포진지는 100년 전 그대로의 모습으로 남아 있다. 마을 바로 앞의 푸른 바다와 가깝게 또 멀게 자리한 섬들을 보면서 백 년 전의 시간을 떠올려 본다.

부산이라는 항구도시에 살지만 바다와 떨어진 내륙 작은 동네에서 사는 나에게 외양포 나들이는 내가 살고 있는 이 도시의 역사에 대해 생각하게 했다. 한 번도 부산을 국경이라고는 생각도 안 했는데, 긴 해안선을 낀 국경지대라는 걸 새삼 깨닫게 되었다.

지금도 해운대 장산 정상에는 군부대가 있고, 그곳이 일반인에게 개방된 건 최근의 일이다. 오륙도와 해안 절경의 이기대 해맞이 공원으로 가는 길에는 넓은 해군 부대가 있다. 이 일대의 군사보호구역이 해제되어 관광객들이 해안산책로를 따라 걸을 수 있게 된 건 모두 2000년대 이후의 일이다. 송정 바닷가는 오랫동안 군부대 휴양지였으며, 부산 해안선을 따라 어디나 철조망이 쳐져 있었다. 영도의 태종

대에는 아직도 많은 지뢰가 매설되어 있다고 한다. 그뿐만이 아니다. 부산의 탄생 역시 마찬가지다. 개항과 함께 출발해서 한국전쟁을 통해 만들어진 파란만장한 도시가 아닌가. 부산역에 내려서 처음 만나는 부산은 산복 도로와 산동네 빼곡한 집들이다. 감천문화마을이나 흰여울문화마을 모두 피란민들의 고단한 삶의 유산들인데, 한국전쟁 당시에는 전선의 최후방 위치에 있었지만 일제강점기 부산은 최전방이었다. 부산에 관한 다큐에서 들었던 '부산은 대륙의 시작이자 끝이다.'라는 말이 떠올랐다.

역사적 상상력은 공간을 통해 완성된다. 알면 보인다는 말 그대로 외양포는 그저 작은 어촌이지만 그곳에서 바라보는 바다는 이전과 달라 보인다.

천년고도 경주에서 내가 가장 좋아하는 곳은 황룡사지 절터다. 잘 보존되어 남아 있거나 재건된 유명 사찰보다 텅 빈 곳에 주춧돌만 남은 경주 벌판 드넓은 절터가 주는 느낌은 다르다. 더 먼 시간으로 가보자면 부산 근교 울산 반구대 암각화가 있는 대곡리를 따라 걷는 길도 있다. 저수지 옆으로 난 길을 따라 한참을 걸으면서 신석기시대에 저 암벽 아래 고래 그림을 그렸던 사람들을 상상해 본다. 물속에 잠긴 암각화를 볼 수는 없지만 암각화 전망대까지 걸어가는 그 공간은 시간을 거슬러 가는 느낌이다.

외양포에 다녀오면서 마치 학생 시절 답사 여행을 다녔던 때로 돌아간 것 같았다. 내가 역사와 지리 이야기를 얼마나 좋아했는지도 생각났고 마치 중학생이 되어 지리 선생님께 숨겨진 부산 이야기를 듣고 있는 것 같았다.

가덕도에 다녀온 후에 주변 사람들에게 "부산에서 가장 큰 섬이 뭐게?"라고 물으면 다들 "영도."라고 대답한다. 틀렸다. 가덕도는 영도의 1.5배 크기다. 부산의 가장 남쪽 섬이 가덕도다.

안 가본 길로 가보자
- 두 번째 탐험은 영도

　오십 대가 되고 보니, 나도 모르게 여기저기서 '젊게 사는 비결' 같은 정보가 눈에 잘 띄고, 안 보는 척하면서 슬깃 눈여겨보게 된다. 얼마 전에 읽은 기사에 따르면 젊음을 유지하는 비결 가운데 하나가 바로 안 하던 일을 하는 것이란다. 악기를 배우거나 외국어를 배우는 건 말할 것도 없고 즐겨 듣던 장르의 음악 말고 새로운 음악을 듣는 것도 좋단다. 새로운 장르의 음악이라면, 나도 자신 있다. 코로나19 한창때 불었던 트로트 열풍에 올라타서 일찍이 즐겨 듣지 않던 고전 트로트에 깊이 빠져들었다. 젊어서 좋아해 본 적 없는 장르인데 처음 들어보는 곡도 많고 나이가 들어갈수록 더 좋아질 것 같아 든든한 친구가 하나 생긴 것 같다. 그밖에 활발한 신체 활동을 하고 사람들과 자주 어울리는 것이 젊게 사는 비결이라고 한다. 늘 사는 동네, 아는 동네에서만 걷지 말고 다른 동네, 모르는 동네를 친구들과 걸으면 세 가지 모두를 만족하겠구나.

자 안 가본 길을 가보자. 벌써 설렌다.

부산 지하철 1호선 끝과 끝 동네에서만 살아봐서 그 가운데 있는 부산에 대해서는 잘 모른다. 사실 모른다는 사실도 몰랐기 때문에, 동네 밖은 다 새롭고 재밌다. 20년 넘게 '구석동'네에 콕 박혀 살다 보니 어느 날 부산이 엄청나게 달라져 있다는 걸 발견하고 깜짝 놀라기도 한다. 어, 여기가 이렇게 바뀌었어?

가덕도 외양포 마을에 다녀온 후에 부산 어디를 가볼지 찾다가 우연히 발견한 곳은 영도 조내기 고구마 박물관이다. 젊어서 영도에서 일했던 남편은 영도 전문가를 자칭하는데, 영도에 남편이 모를 만한 장소를 찾다가 발견한 곳이기도 하다. 그때는 없었는데 언제 생겼대? 영도 전문가한테 이런 소리를 듣는 재미가 있다.

영도는 한때 조선소와 공장, 물류 창고들로 북적였는데 언젠가부터 공장들이 문을 닫고 떠나면서 문화와 카페, 관광의 중심이 되어가고 있다. 그러면서 우리나라에서 고구마를 처음 재배하기 시작한 영도에 조내기 고구마 박물관도 생겼을 것이다. 영도 봉래산 중턱에 있는 가파른 오르막길의 끝에 있는 박물관 카페에 가면 한눈에 부산항대교(북항대교)와 크레인이 즐비한 부두와 부산항의 탁 트인 전망을 볼 수 있다. 부산 하면 바다고 부산 하면 산인데, 산에서 보는 부둣가 뷰로 이만한 곳이 없다. 바다는 쉽게 볼 수 있지만, 대도시와 바다, 부두가 공존하는 영도 봉래산 뷰 바다는 이곳이 압도적이다.

봉래산에서 바라보면 바로 부산항이 보인다. 지리적으로 이 부산항을 지키고 부산을 지킨 것이 바로 영도라는 사실을 알고 보니 영도가 새롭게 다가왔다. 부산항이 최고의 항구가 될 수 있었던 건 영도가 먼 바다의 위험으로부터 항을 일차적으로 막아주었기 때문이란다. 예전에는 육지에서 영도로 들어가는 다리가 영도다리와 부산대교밖에 없었는데 지금은 부산항대교와 남항대교까지 모두 4개의 다리가 있다.

아이들의 1학기 기말고사가 다 끝난 주말 아침 일찍 영도에 갔다. 남포동에서 영도다리를 건너면 바로 스타벅스 영도대교점이 있다. 오전 이른 시간이라 그런지 사람들이 많지 않았고 뷰 좋은 자리에 앉을 수 있었다. 건물 바로 옆이 바닷물이다.

공간은 그리 넓지 않고 주차장도 없고 다른 스타벅스에 비해 아쉬운 점도 있지만, 뷰만 보면 부산 최고 스타벅스 중 하나이다. 이곳에서 보면 부산 원도심의 모든 것이 다 보인다. 우선 영도다리가 바로 앞이다. 그리고 정면 백화점이 들어선 곳은 옛 부산시청이 있던 곳이고 그 너머로 부산타워(용두산공원탑)가 보이고 북쪽으로는 부산대교와 부산 북항이, 서쪽으로는 자갈치시장과 남항이 보인다. 부산대교 방향으로 보면 어선들이 정박해 있는 아주 작은 포구가 있고 그 너머로는 컨테이너를 옮기는 크레인들이 보여서 부산항의 중심에 있는 것 같다. 스타벅스 건물이 거의 바다와 초근접해 있기 때문에 마치 배를 타고 있는 것처럼 물을 가까이에서 볼 수 있다. 카페에 앉아 있으면 통통배 같은 작은 어선들도 수시로 지나간다. 카페에서 나가 걸어서 영도다리를 건너 자갈치시장으로 가도 좋겠다.

조선업을 중심으로 하던 영도의 산업이 문화를 중심으로 완전히 재편되면서 영도는 계속 변화하고 있다. 이제 봉래동으로 가자.

나는 물양장이 뭔지 몰랐다. 부산대교를 건너서 영도에 들어가면 봉래동 물양장을 만날 수 있다. 물양장은 수심이 얕아서 대형 선박이 들어올 수 없는 소형 선박이 정박하는 곳이라고 한다. 바닷‘물’가라서 물이 그 물인 줄 알았는데, 한자로 물(物)양장이라고 한다.

몇 해 전 영도 청학동 폐조선소에서 열린 국제 사진 전시회를 보러 갔다. 운동장보다 넓은 주차장에 차를 대고 들어가 보니 아주 높은 천장이 있고 곳곳에 조선소에서 썼던 장비들이 놓여 있었다. 바닷가 바로 옆 폐조선소에서 열린 전시회는 너무나 멋졌다. 하지만, 그날 전시된 사진들은 기억에 남지 않았고 그 건물 전체가 마치 거대한 현대미술품 같았다. 공장 건물 밖 주차장에 서 있으니, 바다가 바로 내 옆에서 물결치고 있었고 마주 보이는 곳에서는 부산항대교와 신선대부두가 한눈에 들어왔다. 그날 본 바다 빛깔은 짙고 깊어 보였다.

아하, 같은 바다라고 생각했는데, 큰 배들은 깊은 바다에 떠 있고 작은 배들은 물양장에 접안하고 배 수리도 하고 짐도 내리고 그런 곳이다. 봉래동은 뭍에 가까운 쪽이니까 물양장이 있고, 해안선을 따라서 나아가면 조선소들이 있는 깊은 물가를 만나게 된다.

봉래동 물양장 바로 앞에는 모모스커피라는 부산을 대표하는 카페가 있다. 찾아가는 길가에서는 수십 층 높이의 아파트만 한 커다란 배가 서 있는 조선소를 볼 수 있고, 그 옆으로 바닷가를 끼고 돌면 예전 물류 창고가 힙한 레스토랑과 전시 공간으로 변신한 모습을 볼 수 있다. 모모스커피 리뷰에 기대하고 갔는데 카페 바깥 뷰가 자신의 예상과 달리 작은 어선과 배들이 수리를 기다리고 있는 모습이라 실망했다는 글을 읽은 적이 있다. 모든 여행지는 개인의 취향이니, 그럴 수도 있겠다. 사실 부산 바다 1번지는 동백섬과 해운대이지만, 그곳은 내게 너무나 익숙한 풍경이라 설렘이 없고 봉래동 물양장 앞 풍경은 어디 내놔도 손색없는 명품이다.

큰 조선소와 공장들이 떠나고 그 자리에 카페들이 들어서기 시작하면서 영도 건너 부두의 풍경과 바다, 그리고 폐공장들이 어우러지면서 남다른 모습을 만들어냈다. 수영에 있는 고려제강에 F1963 테라로

사가 들어왔을 때만 해도 영어 독해 지문에서나 봤을 법한 건물 업사이클링의 모범 같아 그저 멋져 보였는데, 부산의 중요 산업 시설들이 모두 떠나고 그 자리에 카페들이 생기고 있는 것을 그저 좋게만 볼 수는 없겠구나 싶었다. 변화의 파도는 거스를 수 없다.

우리나라에 수입되는 커피의 대부분은 부산을 통해서 들어온다. 그 부산에 월드 바리스타 챔피언십 우승자가 있는 곳이 모모스커피다. 본점은 우리 동네- 금정구에 있고 지점은 해운대와 영도에 있다. 영도에 있는 모모스는 봉래동 물양장 바로 앞 오래된 거대한 물류 창고를 개조해서 만들었는데, 단순히 커피만 파는 것이 아니라 로스팅도 하고 커피가 가공되는 모든 과정을 보여준다. 봉래동 창고는 규모가 370평이란다. 부산항 터미널과 부두, 그리고 물양장이 바로 앞에 보이는 곳에서 커피 부산을 꿈꾸는 모모스커피를 응원한다.

모모스커피뿐만이 아니라 봉래동 물류 창고 지대는 다양한 문화 실험 공간으로 변신하고 진화하고 있다. 이 섬의 변화 속도는 얼마나 빠른지 부산에 사는 여행자가 아니면 따라가기 힘들지도 모른다.

영도대교 스타벅스와 봉래동 물양장 앞 모모스는 둘 다 영도라는 섬의 초입에 있다. 가장 깊은 곳에는 태종대가 있고 흰여울마을이 있는 영선동은 남항과 송도 쪽을 향하고 있다. 부산에 살지만 부산 여행하기는 이제 시작이다.

부산 갈맷길을 걸어요

"어? 나무가 없어졌어."

"어머나, 정말 없어졌네! 언제 없어진 거야?"

이게 무슨 일인가 싶었다.

우리는 누가 먼저라고 할 것도 없이 허둥대며 폰을 꺼내 들고 언제 찍은 사진까지 그 나무가 있는지 찾는다. 얼마 전에 왔을 때만 해도 그 자리에 있었는데 어찌 된 건지 당황스러웠다.

걷기 모임을 하는 우리가 자주 가는 곳은 금정구 오륜대 회동수원지 둘레길이다. 수원지를 따라 황톳길을 걷기도 하고 잘 정비된 수변 데 크길을 걷기도 하는데, 저 멀리서 반쯤 물에 잠겨 있을 때도 있고 어 떤 때는 땅 위에 완전히 드러나 있을 때도 있는 습지에 아주 높이 서 있는 나무가 있었다. 호수 너머에는 기장 아홉산 숲이 병풍처럼 서 있고 그 앞으로는 길지는 않지만 대나무 숲길이 나 있는데, 그 옆에 혼자 우뚝 서서 둘레길 풍경을 완성하는 나무였다.

우리는 그 키 큰 나무가 없어진 걸 보고 어쩔 줄 몰라 하며, 모두가 그 나무가 있는 풍경을 얼마나 좋아했는지 앞다투어 말했다.

호숫가에 이름도 없이 서 있던 나무의 행방을 어디다 물어봐야 할지 몰라 당황했던 우리는 결국 그 나무가 어느 폭풍우 있던 날 벼락에 쓰러졌다는 소식을 들었다. 에구.

한 달에 한 번씩 함께 걷는 작은 모임이다. 아이가 어렸을 때 생태유아교육을 지향하는 같은 어린이집에 보내고 초등학교 다닐 때 아이 돌봄을 같이했던 다섯 가족 부모가 지금까지 함께 걷기 모임을 지속하고 있다. 아이들을 자연 속에서 자유롭고 건강하게 키우고 싶은 마음이 컸던 부모들이라 모두 자연을 좋아하는 사람들이다. 함께 걷자고 마음먹으면 손쉽게 걸을 수 있는 곳이 어디나 있는 동네 걷기 모임은 소중하다.

십여 년 전에 처음 산행을 시작했을 때는 아이들과 함께 금정산 달빛 산행을 했다. 그 십여 년 사이에 아이들은 이제 다 자라서 성인이 되었고, 오십 대에 접어든 부모들만 한 달에 한 번씩 모여 걷는다.

제주에는 올레길이 있고 부산에는 갈맷길이 있다. 문득 서울에는 어떤 길이 있지? 궁금했다. 검색하다가 서울 사는 동생에게 물었더니 서울 둘레길 링크를 보내주었다. 아하, 서울은 둘레길이구나. 둘레길이란 말은 걷기 좋은 산책길을 지칭하는 보통명사라고 생각했는데 서울은 그냥 둘레길이구나. 부산에는 갈맷길이라는 멋진 이름이 있다.

부산 둘레길인 갈맷길은 비닷길과 숲길 강변길을 모두 아울러 걷는 길이다. 갈맷길은 총 9코스 21개 구간으로 구성되어 있는데 해안길, 숲길, 강변길, 도심길로 구분되어 있다. 앞자리에 있는 1-3코스가 먼저 지정된 부산의 대표 코스라고 할 만하다.

우리가 걷는 길은 주로 부산 갈맷길 7-2구간과 8구간이다. 이 구간은 회동수원지라는 호수가 있는 수영강 상류 지역이다. 부산에는 크게 서남단의 낙동강과 동쪽에서 광안리와 해운대 쪽을 향해 흐르는 수영강이 있는데 바로 회동수원지는 수영강 상류의 저수지이다. 처음 조성된 것은 일제강점기 때 상수원 확보를 위해 만들어졌다고 하는데, 해방이 된 이후에는 상수도보호구역으로 오랫동안 통제되어 있다가 2010년에 이르러서야 개방이 되었다. 그래서 웬만큼 오랫동안 부산에 살았다 하더라도 이 수원지의 존재를 아는 사람이 많지 않다. 친구를 데리고 가면 이렇게 가까운 곳에 한적하고 편안한 호수와 산책길이 있어서 놀란다. 해외여행을 많이 다닌 한 친구는 호숫길 풍경이 어느 외국 호수와 비교해도 밀리지 않는다는 극찬을 하기도 했다. 몇해 전에는 국제 걷기 대회도 이 인근에서 열렸다. 부산에서 개최되는

대부분의 행사가 바다 가까이에서 열리는데 우리 동네에서 열려 우리
도 놀랐다.

저수지를 끼고 두 마을이 있는데, 거의 부산 끝자락에 있는 상현마
을과 오륜대다. 수영강 상류의 물이 수원지로 내려오는 물길을 따라
나 있는 아름답고 한적한 나무 터널길이 있다. 봄날에는 벚꽃이 피고
가을에는 단풍이 지는 그 길을 갈 때마다 '여기가 내 인생길이야.'라고
감탄하면서 이렇게 좋은 길에 왜 사람들이 없을까 궁금해한다. 유명
해지지 않으면 좋겠다는 마음과 사람들이 좀 알아줬으면 하는 마음
이 늘 함께한다. 그 길가에 있는 작은 카페 이름이 '지금, 여기'다. 키
큰 은행나무가 카페 옆에 서 있는데, 은행잎이 샛노랗게 물들었을 때
는 지금, 거기를 꼭 가야 한다.

오륜대 쪽에는 땅뫼산이라는 얕은 산이 있는데 둘레를 다 돌아봐야
1㎞ 정도다. 그 둘레길을 모두 황톳길로 조성해 놓아서 걷기에 더욱
좋고 요즘 맨발 걷기 열풍으로 사람들이 부쩍 많아졌다. 수원지 전체
를 조망하려면 회동수원지의 중심에 있는 부엉산에 오르면 된다. 살
짝 가파른 길을 올라야 하지만 워낙 짧아서 금방 오를 수 있다. 부엉
산 전망대에 오르면 수원지 전경을 한눈에 볼 수 있다.

어떤 해에는 새해 첫날 해맞이를 위해 해가 뜨기 전에 부엉산에 올라
서 함께 해돋이를 본 적도 있다. 그날은 인근 상가 연합회에서 해돋이
를 보러 온 동네 사람들에게 떡국을 한 그릇씩 나눠주기도 한다. 해 뜨

기 전 깜깜한 시간에 산에 올랐다가 내려와서 동네 사람들과 함께 북적거리다 보면 기억에도 없는 시골 할머니 댁에 온 것 같은 기분이다.

부산 갈맷길이라고 하면 송정에서 해운대, 오륙도와 이기대, 광안리를 떠올릴지도 모른다. 하지만 그곳들은 워낙 번화한 곳이라 조용한 갈맷길을 찾는다면 회동수원지와 수영강을 따라 걷는 이 구간도 좋다. 금정산과 범어사도 이 코스 안에 포함되어 있다. 갈맷길이라는 명칭만을 두고 보면 갈매기가 날지 않는 갈맷길이라 맹숭맹숭할 수도 있다. 그렇다면 코스를 길게 잡아서 수영강이 바다로 흘러가는 코스까지 쭉 연결되어 있으니 그 길을 따라가 보자. 내가 아는 동네 언니는 주말마다 회동수원지에서 출발해서 수영강을 따라 센텀시티와 나루공원(영화의전당)을 지나 바다까지 걷는다. 자식들은 다 자라서 서울로 가고 혼자 남은 시간에 물을 바라보면서 걷는 것보다 더 좋은 건 없단다. 걷기 좋은 길 오래 걸어도 좋은 길이 가까운 곳에 있어서 걷기가 일상이 될 수 있는 곳이 살기 좋은 곳이다.

부산에 오면
– 부산 바다 1번지

부산에 와본 적 없는 친구에게 "부산은 이런 곳이야."라고 보여줄 수 있는 곳은 어딜까 생각해 봤다. 해운대 동백섬과 마린시티 방파제 길이다.

부산하면 동백이지. 부산 사람들의 일상에는 늘 '동백'이 있다.

부산 지역화폐는 동백전이고, 교통카드는 동백패스이다. 그 이름 동백이 바로 해운대 동백섬에서 따온 것이다. 동백섬에 자주 가봤지만, 동백꽃이 만개한 건 못 본 것 같다. 대신에 우리 집 아파트 화단에도 해운대 친정 화단에도 있는 동백꽃은 겨울부터 봄까지 지천으로 부산 전역에서 볼 수 있다. 봄이나 여름 꽃은 많지만, 겨울 꽃은 흔하지 않은데 겨울도 봄처럼 따뜻한 남쪽 도시라서 그런가 겨울 동백이 당연한 듯 느껴진다. 그래서인지 부산하면 동백이 딱 어울린다. 부산

시의 꽃은 동백꽃이고 부산시의 나무는 동백나무란다.

부산 하면 누구나 떠올릴 노래 조용필의 〈돌아와요, 부산항에〉 그 첫대목에도 동백섬이 나온다. "꽃~ 피는 동백섬에 봄이 왔건만 형제 떠난 부산항에 갈매기만 슬피 우네." 이렇게.

이 노래가 처음 나왔을 때는 재일 교포들의 고향 방문이 활성화되던 시기였다고 하는데, 오래된 일이라 오십이 넘은 나 같은 중장년도 잘 모르는 시절의 일이다. 인구가 급격하게 줄어드는 요즘 부산 젊은 이들도 일자리를 찾아 서울과 수도권으로 떠나고 있다니 안타까운 마음이다. 다시 〈돌아와요 부산항에〉를 불러야 할 때가 되었다. 대한민국 제2의 도시 부산이 위기를 겪고 있다니, 다시 돌아오는 부산이 되었으면 좋겠다. (여담으로 부산 사직야구장에서 〈돌아와요 부산항에〉를 부르는 날은 롯데자이언츠가 크게 승리하는 날이라고 한다. 〈부산 갈매기〉 역시 마찬가지. 롯데자이언츠, 크게 이겨서 〈돌아와요 부산항에〉 자주 좀 불러보자. 떠난 젊은이들 돌아올 수 있게)

자, 이제 동백섬으로 들어가 보자.

동백섬은 사실 섬이 아니다. 그러니 배를 타지도 다리를 건너지도 않고 그냥 걸어서 동백섬으로 들어가면 된다. 오래전에는 잘 닦인 동백섬 안의 순환도로를 따라 차량이 다녔다고 하는데 지금은 산책로에는 차량 통행이 되지 않으니 걸어가면서 부산 앞바다 풍경을 실컷 눈에 담을 수 있다. 여기는 부산 갈맷길 2코스 1구간이다.

조선비치호텔 쪽에서 출발하면 해운대 전체를 한눈에 담을 수 있는 풍경이 펼쳐진다. 산책로 해안선을 따라가면 짧은 출렁다리도 건너고 소나무와 바위들이 만들어내는 뷰도 좋다. 동백섬을 한 바퀴 다 돌아도 시간은 얼마 걸리지 않는데 그 중간 지점쯤에 도달하면 2005년 APEC 정상회의가 열렸던 누리마루를 만날 수 있다. 아시아 태평양 정상회의니까 모두 태평양을 끼고 있는 나라들에서 왔을 테고 그렇다면 대한민국에서 보여줄 수 있는 최고의 바다 뷰 가운데 하나가 여기 동백섬 누리마루가 아니었을까. 그 앞바다는 바로 태평양이 아닌가. 부산 앞바다 1번지 바로 동백섬.

동백섬을 다 돌고 이제 마린시티 앞 방파제 쪽으로 걸어가다 보면 광안대교가 보인다. 내 집 앞은 아니지만, 서울에서 온 친구에게 여기가 부산이다 하고 뽐내고 싶은 호화 럭셔리 부산 앞바다.

다른 바닷길도 있다. 해운대 해안가 동쪽 끝에 있는 포구가 미포인데 그곳에서 송정까지 바닷길을 따라 만들어진 데크길을 걸어보는 것이다. 미포-청사포-구덕포-송정까지 이어지는 갈맷길은 원래 동해남부선 기차가 다니는 철길을 따라 만들어졌다. 해안가 철길은 내륙 쪽으로 옮겨지고 그 철길에 관광 열차가 다니고 그 옆으로는 사람들이 해변을 따라 걸을 수 있는 길이 있다. 딱 트인 동해를 실컷 볼 수 있다. 해운대의 끝에 있는 미포 포구에서 걷다 보면 청사포가 나오는데 청사포 역시 자그마한 포구마을이다. 나는 반짝이는 모래 비치가 있는 오션뷰보다 어선들이 정박해 있는 작은 포구를 좋아해서 광안리 해운대보다 '포'라고 이름 지어진 곳을 애정한다. 진짜 바다 같다.

여기 어디쯤 가다 보면 남편이 좋아하는 공수마을도 있다. 그 작은 공수항, 그것도 깜깜한 밤바다를 좋아한다는 남편에게 농담 삼아 "사람이 컴컴해서 바다도 시커먼 밤바다를 좋아하는군."이라고 했다. 프랑스에서 오랫동안 공부한 남편의 친구를 여기 공수마을에 데려갔더니 어찌나 좋아하던지 만날 때마다 기장 밤바다를 기억하고 이야기한단다. 부산에는 워낙 다양한 모습의 바다가 있어서 우리는 각자 자기 취향에 맞는 바다 풍경을 하나씩 갖고 있다.

부산 여행을 다니기 시작하면서 부산에는 참 다양한 바다 모습이 있다는 걸 새롭게 느낀다. 부모님 댁이 해운대에 있어서 자주 오가는데 내 바다 취향은 넓고 깨끗한 백사장과 긴 수평선이 있는 비치보다 작은 어선들이 정박해 있는 포구라는 것을 알았다. 밤바다보다는 아침 바다를, 비치보다는 포구를, 조용한 바다보다는 힘 있는 부둣가의 풍경을 더 좋아한다는 걸 알았다.

살아 있는 바다. 그렇다. 작은 어선들이 고기잡이를 나갔다가 돌아와서 그물을 늘어놓은 작은 포구도 그렇고, 엄청나게 큰 컨테이너를 들어 올리는 부둣가의 크레인들도 마찬가지다. 물론 빛나는 모래와 비치의 수평선은 그것대로 또 다른 매력이 있다.

자, 여기 부산에는 다 있다.

송정에서 더 북쪽 해안선을 따라 더 올라가면 기장이 나온다. 송정 해수욕장은 해운대구이고, 기장은 이름 그대로 기장군이다. 기장에는 동부산 관광단지가 조성되어 있는데 여기서부터는 완전히 동해안이다. 그 일대는 오시리아 관광단지가 조성되어 있는데 오시리아역도 있고 기장 힐튼호텔과 아난티코브라는 휴양지가 있다. 역시 자본의 힘이란 대단해서 사실, 부산 해안가 최고 절경 1번지는 힐튼호텔 앞에서부터 시작되는 오시리아 해안산책로라고 생각한다. (도대체 부산 바다 1번지가 몇이야.)

여기가 부산 갈맷길 1코스 1-2구간 해안길이다. 만약 부산 어디를 가야 할까 검색하기도 싫다, 아는 친구도 없다 하면 갈맷길 1, 2, 3코스를 선택하면 후회 없을 것이다.

힐튼에 묵지 않아도 해안산책로는 다 개방되어 있어서 느긋하게 바다를 보면서 걸을 수 있다. 오랑대까지 걸어갔다 다시 돌아오기 적당한 짧은 산책길. 미포에서 송정길은 워낙 사람들이 많고 근처 동네에서 운동 나오신 파워 산책러들도 많아서 조금 지칠 수 있는데, 오시리아 해안산책로는 한적하다.

동해안, 그 망망대해를 실컷 정말 맘껏 볼 수 있는 해안산책로는 부산이 가진 최고의 자원이다. 딱 한 군데만 정한다면 나는 동해안 해안선을 따라 걷는 저 길을 고르겠다.

오십 고개 중간에 서다

코로나19와 함께 시작된 내 오십 대가 이제 딱 그 중간에 섰다. 부산 탐험이라는 신나고 재미있는 일을 찾은 게 오십 대에 가장 잘한 일이다. 『부산의 고개』라는 책을 우연히 발견하고 그 책에 나오는 부산의 고개들을 다 넘어 가보겠다는 계획을 세웠는데 가장 먼저 가본 곳은 '송정 옛길'이다. 웬만한 고갯길 아래에는 다 터널이 있다. 해운대 좌동 신도시에서 송정 바닷가를 넘어가는 길 아래에도 당연히 터널이 있다. 그 터널이 없던 시절 송정에서 해운대로 넘어오려면 고개를 넘어야 했단다. 크게 높지도 않고 길지도 않은 듯해서 가뿐히 다녀올 수 있을 거라 생각했는데, 주말 늦은 오후 무더위에 멀쩡히 좋은 바닷길- 그린레일웨이를 놔두고 옛길을 걸어가겠다는 이들은 우리밖에 없는 것 같았다. 아무도 없는 산길을 걷다 보니 정말 그 옛날에는 호랑이라도 나왔을지도 모르겠다. 겨우 찾은 고개 위에 있는 전망대에서 고개 너머 푸른 송정해변을 바로 보니 감탄사가 절로 나왔다. 고갯 길을 넘어가다 보면 이런 순간이 있겠구나 싶었다. 전망대에서 바라 보는 바다 전망은 가파른 오르막길의 땀을 한 번에 식혀주었다. 차도 없고 좋은 운동화도 없고 터널도 없는 시절에 이 길을 짐을 지고 걸어 갔을 그 누군가 역시 고갯길에 올라서서 "아, 좋다." 하고 잠시 쉬었다 내려갔을지도 모른다. 고갯마루에 다 올랐으니 잘 내려가면 된다. 내 려오는 산 곳곳에는 군부대가 있었던 흔적인 철책선이 있었고, 탄피 저장 창고가 있던 자리에는 송정 옛길 기억 쉼터라는 팻말이 있었다. 이곳 역시 일반인에게 개방된 지 얼마 되지 않은 곳이구나.

구석동에서 동네 산책만 하다가 부산에서 가보지 않았던 곳을 하나 씩 찾아가 보니 알지 못했던 것들이 어찌나 많은지 놀란다. 지난여름 부산항 제1부두에서 열린 국제 사진제를 보러 갔는데, 부산항 제1부두 창고에는 처음 가봤다. 부산 신항 개발로 예전의 북항과는 완전히 다 른 곳으로 변하고 있었다. 부산은 지금까지도 늘 역동적인 곳이었는 데, 앞으로도 마찬가지일 듯하다. 이곳에서 나고 지금까지 살고 있지 만, 어느 곳도 다 안다고 할 수 없다.

아직 가보지 못한 곳도 많다. 황령산 봉수대 전망대에서 바라보는 야경. 부산항 전체를 한눈에 보여준다는 신선대 인근 봉오리산은 그 이름도 처음 들었다. 금정산 고당봉은 올라봤지만, 해운대 장산 정상도 아직 가보지 못했다. 영도 봉래산 정상에 해 지는 것도 보러 갈 계획이다.

코로나와 함께 시작했던 오십 대가 이제 중반에 들어섰다. 새로운 길을 모색하고 모험을 감행할 거의 마지막이 아닐까 싶다. 익숙한 길을 떠나 안 가본 길로 가보자. 가벼운 발걸음으로 언제든 떠날 수 있는 여기 부산. 참 좋다.

6.

독학으로
주식 투자를 하며
대비하는 노후 계획

| 옐로우 캣 |

감 잡았어!

    인천-뉴욕 국제선을 타려면 새벽 5시 반쯤 지역 공항에 도착해 7시쯤 국제선 연결편에 탑승해서 인천공항으로 가야 한다. 코로나 시절에는 새벽 5시쯤 공항에 도착하면 주차장이 텅텅 비어 있었고 인적이 드물어 컴컴한 주차장에서 공항 청사로 들어가는 길이 무서웠다. 코로나가 잦아들면서 공항 주차장만 봐도 해외여행 수요가 폭발적으로 늘어나고 있음을 알 수 있었다. 지난해 가을학기 미국으로 출국하는 애들을 하나둘 보낼 때만 해도 오늘처럼 공항 주차장이 혼잡하지는 않았다. 새벽 5시인데 지상에는 주차 자리를 찾기가 힘들고 주차타워에는 2층까지 만차이고 3, 4층은 여유가 있다기에 올라갔더니 예약 주차를 한 차만 들어갈 수 있게 되어 있었다. 갑작스러운 변화에 멘붕이다.

    다시 1층으로 내려와 빈자리를 찾아 헤매다 다행히 한 자리를 발견하고 안도의 한숨을 내쉬었다. 주식 투자를 하기 전에는 이런 상황을 이렇게 정리했다. '주차할 자리가 없어서 놀랐다.' 끝!

투자를 하고 있는 지금은? 주차 자리를 찾지 못하고 헤매는 상황에서도 머릿속으로는 투자 포인트를 찾는다. 어라! 주차 자리가 없네. 해외여행객이 많은 건가? 인플레이션으로 소비에 부담을 느낄 줄 알았는데 여행을 많이들 떠나네. 얼른 주차하고 공항 청사로 무거운 캐리어를 이동하면서 여행사랑 항공사 주가를 좀 봐야겠다는 생각이 들었다.

실은 코로나가 한창일 때 '코로나가 끝나면 사람들이 미친 듯이 여행을 떠날 것이다.'라는 생각으로 항공주에 미리 투자했었고 이익을 좀 얻었다. 누구보다도 전업주부들이 주식 투자를 공부하면 좋겠다고 생각하는 점이 이 부분이다. 전업주부는 소비의 중심에 서 있다. 마트와 백화점 시장과 온라인에서 소비에 대해 받아들이는 정보가 그 누구보다 빠르다. 우스갯소리로 애들이 닌텐도 게임에 미쳐 있을 때 아이들이 게임 못 하게 실랑이할 일이 아니라 게임주를 사야 했다는 푸념들이 뒤늦게 따랐다는 것처럼 말이다.

집 근처에 아난티 리조트가 있는데 서점이 있고 산책로도 잘 되어 있어 주말에 별 계획이 없으면 바람 쐬는 마음으로 자주 나간다. 요즘은 코로나 이전만큼 활기를 되찾아 사람들로 북적북석하다. 그 생각이 들기 무섭게 아난티 매출과 영업이익 변화를 살펴보게 되고 그에 비해 주가가 적절한지 저평가된 건 아닌지 점검해 본다. 이런 판단으로 주식을 매입한다고 해도 나머지 변수 때문에 낭떠러지로 미끄러질 수도 있지만 그건 일시적이고 대체로 주가는 영업이익에 수렴해 갈 수밖에 없다는 원리를 이해한다면 위험을 감내하고 용기 있게 매수할 수 있다.

'투자는 심리전이다.'라는 말에 나처럼 소박한 투자자도 고개를 끄덕여 동의할 수밖에 없는데 그 점에 있어 전업주부들이 상당히 유리하다. 주식 투자를 공부하다 보면 투자는 예측하되 대응이 더 중요하다는 것을 알게 된다. 예측은 맞을 수도 있고 틀릴 수도 있는데 틀렸을 때 빨리 대응하지 못하면 나중에 더 큰 손해를 보기 때문이다. 전업주부들은 직장 일에 매여 있는 것이 아니기 때문에 어느 정도 자신의 시간을 확보할 수 있고, 시댁과 학부모 모임 등에서 단련된 버라이어티한 눈치와 심리전 덕분에 주식 투자에 있어 누구보다 뚝심 있게 잘 버텨낼 수 있다고 생각한다.

나는 몇 년 전 EBS 다큐멘터리 3부작 '자본주의'를 보며 주식 투자를 시작해야겠다고 생각하게 되었다. 그 후 한 일 년 동안 쉬운 경제 책들을 좀 읽었다. 그랬더니 모든 뉴스가 경제와 연관 지어서 들리게 되었고 국가 정상들의 만남과 움직임도 예의 주시하게 되었다. 투자 관점에서 앞으로 벌어질 일들을 상상해 보는 것이다. 미국 FED(연방준비제도이사회-미국 정부의 금융정책을 결정하는 최고 의사 결정기관)의 발표에 귀 기울이게 되었고 환율과 이자율, 고용률, 소비율까지도 의미 있게 챙겨 듣게 되었다. 모두가 내 투자 판단에 영향을 주기 때문이다.

유튜브 강의와 책을 통해 주식 계좌를 만들고 하나하나 배워가며 처음 주식을 샀을 때 모든 것이 긴장되고 떨렸다. 난생처음 해보는 투자이고 돈이 왔다 갔다 하는 일이라 주식을 매매할 때는 가슴이 콩닥콩닥 뛰고 손도 떨렸다. 지금은 웃을 수 있는 일이지만 너무 긴장해서 매수와 매도 버튼을 반대로 잘못 눌러 어처구니없이 손실을 보기도 했다. 그런 에피소드를 통해 주식 매매에 익숙해지면서 소액의 돈으로도 투자를 할 수 있는 주식 투자의 메커니즘이 나의 쌈짓돈에 용기를 불어넣어 주었다.

20년 넘게 가정주부로 지내면서 한 번도 경제활동으로 돈을 벌어본 적이 없던 나는 주식 투자로 돈을 벌었을 때의 뿌듯함이 아직도 생생하다. '아! 나도 투자라는 걸 할 수 있구나. 그거 특별한 사람만 하는 게 아니고 나도 돈을 벌 수 있구나. 왜 이걸 지금까지 몰랐지?' '왜 아무도 나에게 이런 걸 안 가르쳐 줬지?' 잠깐 주식 투자를 절대로 하지 말 것을 가훈처럼 남겨주셨던 부모님이 원망스럽기도 했다.

이런 기쁨은 밥상머리까지 옮겨졌다. 내가 읽은 기업 리포트를 바탕으로 다가올 미래 산업, 기업들이 오래전부터 투자해 오고 있던 산업의 방향, 금리와 환율이 주가에 미치는 영향 등 기본적인 얘기지만 방학 동안 잠깐 한국에 들어온 아이들에게 전해주고 싶은 얘기가 한두 가지가 아니었다.

나는 오십이 다 되어서야 경제, 투자 공부를 시작한 게 억울했다. 내 아이들은 좀 일찍 금융에 대한 지식에 눈을 떴으면 하는 바람으로 식사 시간만 되면 투자에 관한 얘기를 하기에 바빴다. 아이들은 엄마가 무언가를 열심히 공부하고 노력하는 모습에 힘을 보태려고 애썼다. 공부 시간을 확보하려는 엄마 대신에 설거지를 도와주거나 조금씩 집안일을 거들어주기도 했다.

거의 디지털 문맹인 수준이었지만 책과 유튜브만으로 주식 계좌를 개설하고 투자를 시작해 몇 년째 수익을 보고 있는 엄마를 지금도 가장 많이 응원해 준다. 집 안에서만 통용되는 거지만 '투자의 여왕'이라는 별명도 붙여주었다. 큰아이는 세계적인 투자 대가 앙드레 코스톨라니와 레이 달리오의 책을 사주며 엄마가 더 멋진 투자자로 성장해 나가기를 응원해 주었다.

나의 성장을
달가워하지 않는 주변인들

남편은 이런 내 모습을 싫어했다.

"야, 주식 투자하는 친구들이 많지만 하나도 잘된 놈이 없다."

남편은 살림만 하던 내가 코 묻은 쌈짓돈까지 잃고 낙심할까 봐 걱정되는 마음이었을까?

한마디 더 듣고 나서야 내 머리에 빨간불이 켜졌다.

"어디 여자가 주식을 해? 내 앞에서는 다시 주식 얘기하지 마라." 주식 투자를 계속할지 말지를 떠나서 내 남편은 21세기를 살아가고 있는 사람이 맞나? 남편이 무심코 뱉은 그 말, 여성 폄하, 편견이 섞인 말이 나를 더 당황하게 했다. 그 당혹감은 주식 투자를 정말 제대로 잘해내야겠다는 다짐으로 나를 이끌었다. 그 후로 4년이 지났고 남편은 그간 내가 주식 투자해오던 모습을 지켜보면서 주식 투자에 대한 철벽 같던 베를린 장벽을 스스로 무너뜨렸다. 그리고 가지고 있는 개인 여유 자금을 어떻게 운용하면 좋을지 최근에 나에게 자문을 구해왔다.

친한 친구는 내가 주식 투자로 돈을 벌었다는 소식을 듣고 겉으로는 기쁜 것 같은 표현을 했지만, 애써 드러내지 않으려는 친구의 복잡한 심경이 나에게도 느껴졌다. 삼십 년 지기 친구니 나도 당혹스러웠다. 내가 예전에 그랬던 것처럼 주식 투자를 투기성 노름쯤으로 여기고 일시적으로 그저 운이 좋았을 거라고 생각하는 듯했다. 그러면서 투자로 돈 벌었다는 소리를 어디 가서 하지 말라고 조언을 해주었는데 나를 생각해서 해준 얘기겠지만 알고 보니 조심해야 할 사람은 친구인 듯했다. 친구는 내가 투자로 돈을 더 많이 벌게 되면 내 덕에 유럽 여행을 공짜로 해보자며 호탕하게 웃었다.

"내가 왜 그렇게 해야 해?"라고 반문했더니 친구는 당황하는 듯했다. 바로 조금 전에 자신이 내가 투자로 돈을 번 것을 주변에 말하지 않아야 하는 이유를 언급해 놓고서는 바로 그 사례를 보여주는 것 같아서 내 귀를 의심했다.

"친구한테 그 정도도 못 해주냐?"라며 오히려 친구는 나를 인색한 사람으로 몰았다. 아직 일어나지 않은 일이니 말이라도 "그러자. 그것 못 해주겠니?" 하고 기분 좋게 백지수표를 날렸으면 좋았을까?

내가 주식 투자 과정에서 수익을 얻기 위해 얼마나 많은 기업 리포트를 읽어야 했는지, 그리고 얼마나 강도 높은 심리 컨트롤을 겪어내고 얻은 결과인지는 모르고, 주식 투자가 게임이나 도박같이 운 좋게 돈을 번다고 생각하고 있는 친구에게 그런 식으로 돈을 쓰고 싶지 않았다.

주식 투자를 시작하면서 사람 심리에 관한 책을 읽게 되었다. 투자도 사람들의 심리 파악이 중요한 요소이기 때문에 투자와 관련해 다루는 심리학책들이 많다. 투자의 대가들이 한결같이 다루는 얘기 중 큰 부분이 '대중의 심리'이다. 결국 돈을 벌려면 사람의 심리를 알아야 한다는 것이다. 투자를 하면서 사람들의 심리가 좀 더 재미있게 다가왔다. 저 사람이 정말 내가 좋아서 인간적인 호의를 베푸는 건지, 나를 생각해 주는 듯한 말이나 행동 속에 사실은 본인들의 욕망이나 감정을 해결하기 위한 방편이 숨어 있다는 것도.

주변 사람들이 내가 투자를 공부하고 노력해 가는 모습을 어떻게 바라보는지 보는 게 재미있어졌다. 새롭게 알게 된 부분이 불편할 때도 있었지만 난 기꺼이 불편한 진실을 바라보는 쪽을 택했다.

특별한 이유가 있어서가 아니다. 그냥 이 나이쯤 되고 보니 가짜를 보는 데 시간을 쓰고 싶지 않아서다. 진실을 더 많이 보고 싶다. 그리고 나도 진실한 태도로 좀 더 서 있고 싶어서이다. 인간관계에서는 마치 즐겨 이용하던 단골 식당 주방을 우연히 보게 되는 것처럼 못 볼 걸 보게 되는 경우도 있다.

주방 바닥에 쥐도 한 마리 지나다니고 조리대는 청결하고는 거리가 먼 곳이었음을 알게 되면서 그동안 맛있게 먹었던 음식들이 갑자기 불편해지는 것처럼 혼란스러운 마음도 들 수 있다.

 이렇게 나는 주식 투자로 남편, 그리고 오랜 친구와 잠시 마음의 거리를 두게 되었다. 큰 걸 잃었지만 그 값으로 몰랐던 진실을 알았다. 그 진실은 불편하지만 담담하게 받아들일 수 있는 나이와 용기가 함께 와줘서 그나마 다행이라 생각했다. 주식 투자로 세상을 보는 눈을, 나를 믿는 힘을 키우지 않았다면 나는 진실을 용기 있게 인정하고 받아들이는 게 그렇게 쉽지 않았을 것 같다. 주식 투자로 인해 주변 사람들과의 관계에 대해서 유의미하게 생각해 보는 시간을 덤으로 갖게 되었다.

단군 이래 가장
돈 벌기 좋은 세상

그들은 지금 이혼한 상태이지만 빌 게이츠 & 멀린다 게이츠 재단의 범인도적인 프로젝트는 아직도 계속된다. 그와 관련된 책으로 『The Moment of Lift』(부제: How Empowering Women Changes the World)라는 책이 있다. 멀린다 게이츠가 썼는데 한글로 읽고 싶었지만 그때는 번역서가 없어서 Kindle에서 전자사전에 의지하며 꾸역꾸역 힘들게 읽었다. 다행히 멀린다는 컴퓨터를 전공한 공학도라 이과생답게 문장이 간결해서 어쭙잖은 영어 실력인 나도 원서 읽기가 가능했다.

그 책은 게이츠 재단의 탄생 과정과 아프리카 지역에서 펼치는 백신 접종 프로젝트와 여성과 산모, 어린아이들의 건강과 위생을 위해 재단이 노력했던 점을 서술한 내용이다. 그 내용 가운데 아프리카 지역도 한국과 비슷하게 며느리와 시어머니의 관계가 수직 상하 관계인지 며느리가 밖에 나가서 돈을 벌어 오니 시어머니가 며느리에게 함부로

대하지 못하더라는 내용이 나온다. 며느리가 경제활동을 하게 되자 목소리도 커졌고 가족 내에서 힘을 가지게 되었다는 것이다.

전업주부가 경제력을 갖는다는 것은 자본주의 냄새가 닿지 않은 허허벌판 흙바람 날리는 아프리카 외진 마을에서도 통했다. 여성 인권에 관심이 많은 나는 다른 어떤 내용보다 이 내용이 강렬하게 뇌리에 남았다. 멀린다 게이츠도 여성 경력 향상이 여성 인권 향상과 양성평등에 얼마나 중요한 역할을 하는지 인식하는 듯 여성들이 상대적으로 취약한 Tech 전공 쪽에 많은 지원을 하고 있다. 그런 노력에는 엄청난 돈이 들어간다. 게이츠 재단의 재정으로 범인류적인 프로젝트와 여성 커리어 향상 프로젝트를 지원해 나가는 걸 보면서 나는 새삼스럽게 돈의 힘을 느꼈다. 돈을 의미 있게 쓸 수 있는 역량을 가진 사람에게 큰 부가 허락된 게 다행이라고 생각하면서.

주식 투자를 하기 전과 지금의 나는 겉보기에는 별 차이가 없을지 모르지만, 많은 자신감이 생겼다. 소비자의 기능만 수행하다가 생산자를 겸직하니 몸도 머릿속도 바빠져 하루가 어떻게 가는지 돌아서면 주말이 되어 있다. 쇠고기값만큼이라도 수익이 날 때는 엔도르핀이 팍팍 도니 삶에 활력이 된다. 혼자 하는 1인 기업이니 해고당할 염려 없고 바쁘면 쉬어도 되고, 단군 이래 이렇게 전업주부에게 돈 벌기 쉬운 세상이 있었나 싶다. 휴대전화 하나만 있으면 언제 어디서든 일을 할 수 있는 이 멋진 투자 공부를 전업주부, 여성들이 안 하는 건 손해다. 창 하나 들고 사냥하러 나가야 하는 상황보다 얼마나 진보한 상태인가? 찰리 멍거와 워런 버핏 두 남자를 보니 나도 여든 살이 넘고 아흔 살이 넘어도 주식 투자는 거뜬히 할 수 있을 거라는 생각이 든다. 그런 상상을 하면 노후가 별로 걱정스럽지 않다.

직장이 있거나 시간을 내기 어려운 사람의 경우에는 ETF처럼 섹터 투자나 지수 투자 혹은 배당 투자 방식으로 하면 되고 종목을 최소한으로 해서 장기적 관점으로 본다면 큰 이익은 아니더라도 은행 이자보다는 훨씬 좋은 수익을 낼 수 있다.

주식시장은 오전 9시에 개장해서 3시 반이면 끝난다. 주말은 쉰다. 재택근무가 가능하다. 사람을 상대하지 않아도 되고 특별한 복장도 필요 없다. 단 투자와 차트 공부는 좀 해야 한다. 신문도 좀 보고, 책도 좀 읽고, 나의 심리를 단련해 나가는 노력을 실전 매매를 통해서 꾸준히 해야 한다. 공부는 하나도 안 하고 무슨 종목을 사야 하냐고 묻는 사람들은 공부라곤 하나도 안 하고 어떻게 하면 성적 올라? 하고 묻는 학생이랑 똑같다. 돈도 눈이 있다.

처음 투자를 시작하는 사람은 '내가 전문가가 아닌데 정보도 없고 잘할 수 있을까?' 하는 두려움이 앞서기 마련인데 어렵게 생각할 게 없다. 레이 달리오의 『원칙』이라는 책에 생활 속의 정보로 접근해서 수익을 내는 경우를 설명한 예시가 있는데 그것처럼 전업주부들도 일상에서 많은 투자 단서를 찾을 수 있다.

예를 들어 여성들이 있는 집이라면 레깅스가 없는 집은 없을 것이다. 딸이 둘인 우리 집도 계절, 색상, 브랜드별로 레깅스가 다양하다. 그중 '젝스믹스'(회사 이름: 브랜드엑스코퍼레이션)라는 레깅스 전문 브랜드는 몇 년 전부터 자주 구매하던 품목인데 어느 날 남성용 의류를 출시하더니 테니스, 골프 의류까지 제품이 다양해지는 걸 매장에서 보게 되었다. 이에 기업 보고서를 읽어보니 분기마다 매출이 최고 실적이고 중국 매장 1호점과 일본에도 오픈하고 그 수를 대폭 확대하려는 계획을 하고 있었다(국내 내수뿐만 아니라 해외 진출 기업이 더 매력적이다. 그만큼 매출의 규모가 커지기 때문이다). 기업 보고서에서 주식을 매수할 만한 충분한 근거가 있다고 생각되면 차트가 저점일 때나 혹은 조정 시 매입해 보면 된다. 꼭 반도체를 알아야 하고 이차전지, 미래 산업을 분석해야 하는 것만은 아니다. 물론 그런 것들이 시장 주도주가 되니 힘이 있고 폭발적인 수익을 주지만 쉽게 과열되어 초보자에게는 자신이 고점에 매수하는지도 모르게 되는 경우가 생길 수도 있다. 나에게 가장 좋은 주식은 수익을 주는 주식이다. 아무리 좋은 기업, 세계 최강의 기업일지라도 나에게 수익을 주지 않으면 남의 목에 진주 목걸이인 셈이다. 물론 이 방식은 나의 스타일이다. 주식 투자를 시작하고 싶으면 여러 전문투자자와 경제인들의 의견을 경청하고 실행해 보면서 자신에게 맞는 '자신만의 투자 방식'을 만들어가야 한다.

엉덩이가 무거운 돈

2020년 3월부터 2024년 1월까지 약 4년간의 투자 성과(지금 손실액까지 합산한 총 순수 이익)를 계산해 보니 15.62%의 수익률이다. 2022년과 2023년은 투자 전문가들도 돈을 잃고 혀를 내두르던 장이었다. 그 험악했던 두 해 동안 내 투자 손실액은 각각 −6%와 −0.7%였다. 그 정도 수익밖에 못 내냐? 그렇게 벌어서 언제 부자 되냐?라고 반문할지 모르겠지만 주식 투자 4년 차면 아직 갈 길이 한참 멀고(적어도 경제 10년 사이클을 한 번 경험해 봐야 투자 안목이 좀 쓸 만해질 거라는 생각이 든다.) 지금은 수익보다는 배우는 과정에서 수익을 낸 거니까 운이 좋았다고 생각한다.

4년 동안 적어도 돈을 잃지 않았고 수익을 내다 보니 어떤 사람들은 내가 투자에 재능이 있다고 생각하는 것 같다. 연 30% 이상 수익을 냈던 해에는 잠시 그런 착각을 하기도 했다. 지금은 그 이익이 시장이 가져다준 거지 내 실력이 아니었다는 걸 안다. 주식 투자 4년 차 전업주부가 누설하는 영업 비밀이 뭐 대단한 게 있을까? 싶지만 혹여 나를 보고 용기 있게 주식 투자하는 전업주부의 쌈짓돈을 누구보다 존중하기에 하나만 단단히 짚고 가고 싶다.

4년 차 초보 투자자가 전문가도 혀를 내둘렀던 어려운 시장에서 무너지지 않았던 이유를 꼽으라면, 내 투자 자금은 '엉덩이가 무거운 돈'이었다. 전업주부로서 살림하며 20년 동안 조금씩 모은 용돈이니 귀하디귀한 돈이었다. 그런 돈이 투자에 투입되었으니, 엉덩이가 무거울 수밖에. 그전에는 돈 주인이 금융 문맹이어서 그냥 은행에서 빈둥거리며 연 1~3% 정도 이자를 받으며 잠자던 돈이었다. 그렇다 보니 바삐 움직일 이유가 없어 하락장에서도 태평스럽게 맘 편히 내 할 일을 할 수 있었다.

또 한 가지, 2023년의 어려운 시장에서 계좌에 수익률이 마이너스가 찍혀도 크게 걱정되지 않았던 게 '주식시장에서 20~30% 변동성은 손실이 아니다. 변동성이다!'라고 말해 준 투자의 대가 하워드 막스의 말이 도움이 되었다. 주가의 흐름이 우상향 곡선을 그리고 있는 주식도 그 속에서 주가는 파도 물결처럼 넘실대며 곡선을 그리며 올라가기 때문이다. 전 세계의 투자 심리가 다 몰려 있는 곳이니 그 변동성이 춤추듯 넘실대는 것은 당연하다.

모든 투자에는 위험이 따른다. 내가 투자한다는 것은 돈을 벌겠다는 욕망 플러스 돈을 잃을 수도 있다는 사실에 동의하는 것이다. 투자하기 전에 이 사실에 심리적인 동의가 되는지 깊이 자문해 봐야 한다. 그런데 초보자들이 투자에 실패하는 이유는 이 개념을 잘 이해하지 못하고 투자를 시작하고 섣부른 매매로 손실을 확정 지어 버리기 때문에 투자를 어렵다고 생각하는 것 같다. 섣부른 매매는 돈의 사용 계획이 단기적일 때 발생한다. 확신을 갖고 매입한 주식도 국제 정세나 경제 상황, 돌발 상황(전쟁 자연재해), 거시경제의 흐름에 따라 주가가 요동을 칠 수 있다. 투자에 대한 이해 부족과 '엉덩이가 무겁지 못한 돈'을 투자에 사용함으로써 투자 기간에서 자유롭지 못하다면 급히 매도해야 하는 상황이 생긴다. 주식 투자에서는 차분히 기다려야 하는 시간이 생각보다 길다. 어제 매입해서 오늘 10%, 한 달 뒤면 50% 그런 식으로 돈이 불어나기를 기대한다면 주식 투자를 잘못 이해한 것이다. 좀 더 긴 호흡으로 봐야 정신 건강에 좋고 수익도 안정적으로 난다. 투자의 대가 앙드레 코스톨라니의 말처럼 돈은 뜨겁게 사랑하고 차갑게 다루어야 한다. 그러기 위해서는 '엉덩이가 좀 무거운 돈'이 유리하다. 주식 투자는 투자의 많은 시간이 기다림의 시간이다.

현금도 종목이다

　4년간 주식 투자를 하면서 가장 중요하게 반성한 것은 '현금 보유 실패'라고 할 수 있다. 워런 버핏이 세계적인 투자가로 이름을 날릴 수 있었던 이유는 대폭락장에서, 혹은 다 망해가는 회사를 사들일 수 있는 현금 여력이 충분히 있었기 때문이다. 우리도 마트에서 1+1 행사 하면 급하게 필요하지 않더라도 미리 사두는 게 있지 않나? 치약, 휴지 등 계속 써야 하는 생필품은 이런 식으로 사면 매입 단가가 훨씬 저렴해지기 때문이다. 주식도 반값에 나오면 사야 하는데 현금이 없으면 싼 줄 알면서도 못 사는 거다. 그런데 그런 기회가 '나 간다~.' 하고 친절하게 알려주면서 오지 않는다. 아무도 예측하거나 준비하고 있지 못할 때 조정장이 오거나 위기가 터지는데 오히려 그런 조정장이나 위기가 매수하기에 최고의 타임인 것이다.

　'체리피킹(Cherry Picking)'이라는 매수 방식이 있는데, 체리 과수원에서 잘 익은 체리만 따고, 나머지 체리는 건드리지 않는 방식처럼 매수하는 방법이다. 갑자기 주식이 폭락할 때 두려움에 떨고 너도나도 팔기 바쁠 때 평소 관심은 있었는데 비싸서 못 샀던 주식을 매입하면 비정상적으로 떨어진 만큼은 금방 회복한다. 짧은 기간 안에 쉽게 수익에 도달한다는 점에서 농장에서 하는 체리피킹과 유사해 보인다. 소비자가 체리 수확 시기에 바구니 하나 들고 농장에 가서 내가 딴 체리만큼 사 올 수 있는 것처럼, 농사도 짓지 않고 수월하게 수확의 결과만 맛본 것이니 체리피킹 매수 방식은 매우 매력적으로 보인다. 체리피킹 방식은 가치 투자자들이 저평가된 기업 주식을 발굴해 투자하는 방식으로 위기장이 아닐 때도 쓰이는 투자 방식이지만 초보 투자자는 그런 안목이 부족하니, 코스피 지수가 급락하거나 조정일 때 시도해 봐도 된다. 수익이 나면 매도했다가 다시 체리피킹 타이밍을 기다려 보면 된다.

이처럼 위기에 저렴해진 주식을 매입할 수 있는 현금을 확보하고 있어야 하는데 초보가 투자 공부 좀 하고 나면 싸 보이는 주식들이 너무 많다. 나는 상승장에 주식을 처음 시작했기 때문에 싸 보이는 주식을 이것저것 담아도 1~2년은 수익을 쉽게 낼 수 있었다. 그 이후 하락장을 경험하면서 일찌감치 다 써버린 현금을 후회했고, 조정장에서 체리피킹을 하고 싶은 순간이 보여도 현금이 준비되어 있지 않아 현금 보유의 중요성을 절실하게 느꼈었다.

투자 금액이 소액이어도 처음부터 습관을 잘 들이는 훈련을 할 수 있다. 전체 투자 금액이 백만 원이 총액이면 오십만 원 정도만 주식을 매입하고 오십만 원은 현금으로 보유하고 있는 습관을 들이는 게 좋다. 다시 말하면 자신만의 투자 원칙, 주식과 현금을 7:3 혹은 6:4 정도로 자신만의 규칙을 정하고 실천해 보는 게 좋다. 이 부분에 있어서 나는 8:2 정도밖에 안 되어 계속 노력 중이다. 이 부분이 잘되는 사람은 워런 버핏과 같은 투자 기질이 있는 것이니 미리 축하드린다.

기다리면 때가 온다

봄이 오니 꽃들이 더 예쁘다. 식탁의 작은 꽃병에 프리지어 몇 송이를 꽂았더니 식탁에 앉을 때마다 꽃봉오리를 주식 종목 보듯 보게 된다. 프리지어 한 대에 꽃봉오리 7~8개가 넘게 달렸는데 봉오리마다 피어나는 모양과 진행 속도가 다 다르다.

"어라, 요것 봐라."

뭐 눈에는 뭐만 보인다더니 꽃봉오리 하나하나가 주식 종목 같아 보여서 혼자 하하하 크게 웃었다. 당구를 처음 배울 때 자려고 누우면 천장에 당구대가 그려졌다는 남편의 얘기가 생각나 또 한 번 깔깔깔 웃었다. 다 때가 있구나. 모두 꽃피는 시기가 제각각이야. 제일 작은 봉오리까지 결국은 다 피는구나.

"너는 요즘 주식 잘되어 가니?"

오랜만에 만난 지인이랑 함께 점심을 먹고 돌아오는 차 안에서 받은 질문이다.

"네, 그럭저럭하고 있어요. 한동안 조정받던 종목들이 회복되고 있어 올해는 좀 더 괜찮을 것 같아요."

"우리 형부는 작년 말에 손해를 좀 보고 모든 종목을 싹 다 정리하고 다시 새 종목을 매수하고 있다는데 그렇게 하는 게 맞는 거니?"

"네, 그런 방법도 있기는 해요. 지금껏 수익이 잘 나지 않거나 계속 손실을 보고 있다면 가지고 있는 종목들이 좋은 종목이 아니라는 판단에 모두를 정리하고 새롭게 판을 짜는 방법이지요."

그 지인의 형부는 나랑 비슷한 시기에 주식 투자를 시작해 한두 해는 정말 수익을 잘 냈는데 작년에는 전세금 내어줄 돈까지 투입해 아주 힘든 고비를 넘겼다고 한다. 사용처가 급한 돈은 주식 투자에 사용하는 게 바람직하지 않다. 주식은 개별 기업 분석도 중요하지만, 경제 주기와 전쟁과 같은 비상사태가 있어서 때론 큰 변동성을 거쳐야 하므로, 시간과의 싸움을 감내해 낼 수 있는 돈이 절대적으로 유리하다. 그렇지 않으면 시간을 기다릴 수 없어 억울하게 매도해서 손실을 보는 상황이 발생하기 때문이다. 초보 투자자인 경우 시장에 대한 이해가 부족해 가격이 오르면 계속 오를 줄 알고 신중함을 잊고 매입을 서두르다가 고점에 주식을 매입하는 경우가 많은데 그러다가 주식이 하락하면 또 매도하기에 바쁘다. 그 타이밍이 현금을 확보한 노련한 투자자들이 기다렸다가 매입하는 지점이니 매도 시 신중히 생각해야 한다.

분기별 혹은 연 매출과 영업이익 성장성을 바탕으로 주식을 매입했다면 혼란과 변동의 시간을 겪더라도 기다리면 주가는 회복하기 때문에 나는 기다리는 쪽을 택하라고 말하고 싶다. 내 경우는 시간을 믿고 끝까지 기다렸던 종목은 결국 회복과 이익을 가져다주었다. 가망이 없을 것 같아서 손실을 보고 매도했던 종목을 추적해 본 결과, 기다리는 쪽을 택했더라면 결국 우상향한 경우가 대부분이었다. 프리지어 꽃봉오리처럼 기다리면 다 때가 온다.

나만의 놀이터
있으세요?

일요일 늦은 오후 백화점 꼭대기 층에서 엘리베이터를 탔다.

"아~, 내일 회사 가기 싫다." 엘리베이터 속의 한 여성이 땅이 꺼져라 한숨을 섞어 뱉은 말에

"그렇지? 일요일 쉬다가 일하러 가려면 더 그렇지?" 동행인 다른 여성이 맞장구를 친다.

결혼 전 짧은 직장 생활 경험이 전부지만, 나도 충분히 공감이 가는 대화이다.

곧 내가 누른 B1 문이 열리고 'B2 가시는 두 분, 우리의 인연은 여기까지. 안녕.'하며 내리지만, 정말 구해주고 싶다. 월요일에 회사 가기 싫은 저 여성분들….

어찌 된 일인지 직장인은 회사에 가기 싫고 학생은 학교에 가기 싫고 주부는 밥하기가 싫다. 하지만 모두가 그렇진 않다. 정말 신명 나

는 일이 있어 마음에 반짝이는 불꽃이 일렁이면 아침이 오는 것이 기다려진다. 월요일 회사 가기 싫으신 분들 염장 지르고 싶진 않지만, 주식 투자 이후 나는, 월요일에 더 신난다.

주말 동안 공부했던 내용으로 새롭게 매수할 종목이 있을 때는 더 그렇다. 믿기 어렵겠지만 월요일이면 설거지조차 즐겁다. 설거지는 집안일 중에 내가 가장 싫어하는 일이었다. 이런 변화가 100% 주식 투자 때문이라고 과학적으로 증명해 보일 수는 없지만 사실이다. 전업주부가 오랜 경력 단절을 딛고 일어나 처음 회사에 출근하며 떨리는 마음처럼(드라마에서 보니 그렇더라. 내 경험은 아니고.) 아침에 눈을 뜨면 그냥 기쁘다.

와우! 오늘도 주식 공부하며 잘 놀아보자. 파~ 이~ 팅~.

자! 그럼 나의 주식 노동요, 장기하의 '별일 없이 산다' 같이 들어보시죠?

네가 깜짝 놀랄 만한 얘기를 들려주마

아마 절대로 기쁘게 듣지는 못할 거다

뭐냐 하면

나는 별일 없이 산다 별다른 걱정 없다

나는 별일 없이 산다 이렇다 할 고민 없다

네가 들으면 십중팔구

불쾌해질 얘기를 들려주마

오늘 밤 절대로 두 다리 쭉 뻗고 잠들진 못할 거다

그게 뭐냐면

나는 별일 없이 산다 뭐 별다른 걱정 없다

나는 별일 없이 산다 이렇다 할 고민 없다

이번 건 네가 절대로 믿고 싶지가 않을 거다

그것만은 사실이 아니길 엄청 바랄 거다

하지만

나는 사는 게 재밌다 하루하루 즐거웁다.

나는 사는 게 재밌다 매일매일 신!난!다!

– 장기하 노래, 〈별일 없이 산다〉 가사

몰라도 사는 데
지장 없지만 알면
삶이 더 풍요롭다

　주식 투자에서 성공을 거둔 전업 투자자 중 한 분은 모친이 주식 투자를 했는데 손실을 보기에 왜 손실을 볼까? 하는 생각에 자신이 직접 주식 투자를 해보게 되었다고 한다. 그때가 고등학생 때였고 지금은 전업 투자자로서의 삶을 살고 있다. 이처럼 부모가 주식 투자를 하는 걸 옆에서 본 경우 자식들이 주식 투자를 자연스럽게 이해하고 참여하게 된다. 내 경우도 주식 투자를 시작한 지 1년 정도 된 뒤 대학생이었던 큰아이에게 주식 계좌를 개설하는 걸 권유했었다. 공부하느라 바빠서 열심히 못 했지만, 소액으로 가끔 계좌를 관리했었고(지금은 대학 졸업해서 미국 금융회사에 취직했기 때문에 개인 주식 계좌를 열 수 없는 상태이지만.) IRA 연금 투자 방식과 회사의 규율에 해당하는 범위에서만 계속 투자를 이어가고 있다.

　나의 부모님과 배우자는 주식 투자에 심하게 거부반응이 있는 사람들이었고, 자연스럽게 나도 그건 하면 안 되는 일로 여기며 오십 살 언저리까지 살아왔다. 하지만 주식 투자 공부와 실전 투자를 해봄으로써 이걸 적어도 삼십 대에 알았더라면 얼마나 좋았을까? 그런 생각을 많이 했다. 공부든 투자든 복리의 힘을 믿기 때문이기도 하고, 시장을 10년 단위로 여러 번 경험한 것은 그 자체가 큰 데이터이기 때문에 복잡하고 변화무쌍한 투자시장에서 훨씬 마인드 컨트롤이 유리하고 대응 전략에 좀 더 확신을 가질 수 있기 때문이다. 그렇기에 아이들을 키우는 부모 중 한 명이라도 주식 투자를 하고 있다면 참 다행이라고 생각한다.

반평생 주식 투자를 하지 않고도 별 탈 없이 잘 살았지만, 주식 투자는 투자 수익과 함께 유익한 장점들을 제공해 준다.

"꼭 주식 투자를 해야 해?"라고 누가 묻는다면 이렇게 말해 주고 싶다.

"예술을 몰라도 사는 데 지장 없지만 예술을 알면 삶이 더 풍요로워진다."라고. 주식 투자도 그것과 같다. 주식 투자가 어떻게 우리 삶을 더 풍요롭게 하는지 경험으로 몇 가지 정리하자면,

첫째, 경제 관련 뉴스에 대한 이해도가 높아짐으로써 남편과 아이들, 지인들과 세상 돌아가는 일에 대해서 나눌 이야기가 다채로워진다.

둘째, 투자는 냉정하다. 돈을 벌지 못하면 잃거나 유지하는 상황이기 때문에 투자 포인트를 명확히 가질 필요가 있다. 내가 가지는 투자

포인트가 항상 맞지는 않더라도 나름 자신이 정리한 '합리적 근거'를 가지고 종목을 매수해야 한다. 그렇기 때문에 투자 과정에서 받아들이는 경제 관련 정보에 대해서 좀 더 '합리적인 사고'를 하려고 노력하게 된다. 이런 자세는 꼭 투자가 아니더라도 삶을 살아가는 데 장착하면 좋을 요소라고 생각한다.

셋째, 사업을 하지 않는 대부분의 집에서는 부모가 자녀에게 보여줄 수 있는 경제인의 모습은 소비자로서의 삶이 대부분이다. 주식 투자는 생산자의 삶이라고 말하기는 어렵지만 궁극적으로 금융으로 수익 구조를 만드는 방법을 자연스럽게 보여줄 수 있다. 직업이 없고 매달 자신의 노동력 제공으로 벌어들이는 월급이 없다면 주식 투자를 통해 스스로에게 월급을 주는 시스템을 만들어 볼 수 있다.

넷째, 주식 투자를 하면서 바뀌는 중요한 점 중 하나는 소비에 있어서 좀 더 신중해진다는 것이다. 쓰임을 아껴 절약한 돈은 투자 자금으로 사용할 수 있기 때문이다. 미성년자라면 부모 동의를 받고 계좌 개설을 할 수 있고 아이들이 관심 가질 만한 게임 회사나, 엔터테인먼트 회사 등 그들의 눈높이와 관심사에 맞는 주식을 매입해 봄으로써 주식 투자에 대한 이해를 쉽게 만들어갈 수 있다. 아이들 역시 주식 투자를 하게 되면서 간단한 투자 상식과 경제 용어를 자연스럽게 익히면서 용돈 관리에 신경을 쓰게 된다. 용돈을 관리함으로써 주식 수를 늘려가는 재미를 가지게 되는 것이다. 또 조부모나 친척 지인들로부터 받은 세뱃돈이나 용돈, 축하금 등을 아이들 통장에 차곡차곡 모아 두는 분들이 많을 텐데 이는 급한 용도의 돈이 아니니 투자금으로 적합하다 하겠다(엉덩이가 무거운 돈).

투자 대가들의 경험을 들어보면 투자는 단순히 돈을 버는 것 이상으로 삶에 대한 성찰과 견문을 넓히는 계기가 됨을 알 수 있다. 아이들에게도 삶의 유익한 자산이 될 수 있는 경험이라고 생각한다.

다섯째, 소비에 신중해진 돈이 투자되어 더 큰 수익을 내면 실현 가능한 버킷리스트 수가 늘어나 삶이 즐거워진다.

- 나의 버킷리스트 -

.

.

.

18. 스위스에 한 달간 스키 타러 가기

19. 오로라 보러 가기

20. 지중해 크루즈로 여행해 보기

21. La Dole Vita Orient Express 타고 이탈리아 전역을 여행해 보기

사십 대가 좋아?
오십 대가 좋아?

　누가 그렇게 묻는다면 단연코 오십 대라고 답하겠다. 사십 대로 진입하기 직전 마음이 싱숭생숭했었다. 사십 대라니? 젊은 시절이 다 끝난 것 같은 상실감, 절망감, 그리고 오십이라는 숫자를 향해 달려가는 나이에 덜컥 겁이 났었다. 그런데 웬걸 오십 대가 이렇게 좋을 줄이야. 사십 대가 산행에서 8부 능선이었다면, 오십 대는 정상의 느낌이다. (아이들 육아도 끝나고 어지간히 급한 불들은 정리했다는 생각이 마음에 여유를 가져다 주었다.) 그럼, 육십 대는 뭐야?라고 물으면 육십 대는 다시 산을 내려가는 초입 단계일 것 같다. 정상에 도달한 나는 섣불리 내려가고 싶지 않다. 불어오는 산들바람에 땀도 좀 식히고, 땅만 보고 산에 올라갈 때는 보이지 않았던 탁 트인 전망을 360도 돌아가며 여유 있게 보고 싶다. 그렇게 기분 좋은 연료를 마음에 잔뜩 채우고 나면 웃으면서 내려갈 수 있을 것 같다. 오십 대에 맘껏 도전하고 경험해 보고 누려봐야 비로소 정상에서 내려가도 괜찮다는 생각이 들지 않을까?

어떻게 내려가야 할까?

올라왔으니까 아무 생각 없이 내려가야 하는 걸까? 그러고 싶지는 않다. 돌아보니 오십이라는 소중한 나이가 되기까지 앞만 보고 올라가느라 놓친 게 많다. 숨이 차고 힘들었으며 주위의 도움을 받아 간신히 올라간 산을 또 그런 식으로 내려간다면 육십 대, 칠십 대에 도달할 때쯤 많은 후회와 아쉬움이 남을 것 같다. 내려가는 발걸음 하나하나를 정성스럽게 잘 딛고 싶다. 다시는 오르지 못할 산이기에.

하지만 주변을 둘러보면 현실은 우리의 결심처럼 그렇게 녹록지 않다. 노쇠해진 부모님을 돌봐야 하고, 노후 대책을 위한 제2의 경제적 대안도 준비해야 하고, 허덕거리며 달려오느라 삶을 제대로 즐겨보지 못한 안쓰러운 자신을 만나기도 하기 때문이다.

그럼에도 불구하고, 남은 인생을 잘 쓰기 위해 무엇을 해야 할지 오십 대는 고민이 많다. 일단 제일 먼저 해야 할 일은 고민을 접고 '오늘을 재미있게 살자.'다. 반평생을 살아보니 순간순간을 많이 즐기지 못한 게 가장 아쉽다. 많은 고민과 일상에 치여 하루의 소중함, 감사함을 잊고 지나기 일쑤였다. 생각해 보면 이 수많은 하루가 모여 나의 오십 대를 또 채워갈 텐데 하루하루가 즐겁고 기뻐야겠다는 생각이 더 중요해졌다. 우리는 존재 그 자체로 경이롭고 찬란하다. 나를 둘러

싼 가족 주변인들의 삶도 마찬가지다. 생각해 보라. 이 거대한 우주 공간 속에서 먼지만큼도 안 되는 한 점의 공간 지구에서 함께 살아가는 것. 그것도 상상할 수 없는 우주의 긴 시간 속에 오늘 우리가 함께 살아 숨 쉬고 있는 이 상황은 멋진 불꽃놀이 쇼와는 비교도 안 될 만큼 감동적인 순간이다. 이 사실을 마음 깊이 인지한다면 눈뜨면 감사이고 놀람이고 축복임을 깨닫게 된다. 오십 대는 이렇듯 삶에 대한 생각을 다시 한번 차분히 정리해 보고 또 신발 끈을 다시 한번 묶는 시간이니 얼마나 다행이고 감사한 시간인가?

건강하게 백 세까지 살고 싶고, 그것도 너무 오래 사는 것이라고 생각했는데 요즘은 의료과학의 발달로 재수 없으면 120~130세까지도 살 수도 있다고 한다. 이제 오십 대 초반이니 앞으로 살날이 살아온 시간보다 더 많을 수도 있다. 그 사이 의료 과학이 더 발전하면 저 나이가 되어도 내 맘대로 못 죽을 수도 있다. 마치 영생이라도 얻은 것처럼 오래 살 수 있음을 기뻐해야 하는데 꼭 그렇지만도 않다. 삶의 영위를 위해 금전적인 면을 그 누구도 외면할 수 없기 때문이다. 그때까지 잘 살려면 노후 대책을 위한 돈은 도대체 얼마나 있어야 하는 걸까? 일단 좀 넉넉히 벌어야겠다는 생각이다. 실버타운도 경제력에 따라 취사선택이 다양해진다. 그렇게 볼 때 오십 언저리라도 주식 공부를 시작한 게 참 다행이다 싶다. 그렇게 오십 대에 꾸준히 공부하고 투자하다 보면 내가 목표로 하는 지점까지 다다를 거라고 믿는다. 다만, 주식 투자는 내 삶에 수단이지 목적이 아님을 잊지 않으면서 독자들도 재미나게 투자 공부를 해나가길 바란다.

7.

나는 죽을 때까지
그림을 그리고 싶다

| 조진숙 |

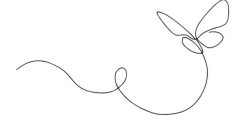

그림은 돈 있는 집
애들이나 하는 거야

빨간 소방차가 운동장 가운데로 들어왔다. 1학년부터 6학년까지 전교생이 운동장에 쭉 둘러앉았다. '시작' 소리와 함께 모두 노란색 크레파스를 들고 불자동차를 그리기 시작했다. 몽땅해진 크레파스를 꾹꾹 눌러 빨간 자동차를 칠했다. 유난히 빨리 닳는 노란색과 빨간색이 아깝기도 했지만, 상 받을 욕심에 열심히 그림을 그렸다. '불자동차 그리기 대회'에서 짝꿍도 동생도 상을 받았다. 상을 받지 못한 나는 그림과는 거리가 멀다고 생각했다.

중학교 2학년 때, 서울 지역 중등 사생 대회에 나갈 학생을 뽑았다. 미술 선생님이 뭘 잘 모르셨는지 나를 반 대표로 뽑으셨다. 각 반에서 뽑힌 아이들은 방과 후에 선생님과 사생 대회를 준비했다. 풍경화는 어떻게 그려야 하는지 스케치부터 채색까지 자세하게 가르쳐주셨다. 능숙하게 그리는 아이들 틈에 끼어서 열심히 그렸다. 아마 그렸다기보다는 흉내를 냈을 것이다. 어쨌든 날마다 열심히 그렸다. "그림 그리는 사람은 재료를 아끼는 거 아니야."라는 선생님의 말씀을 들었지만 못 들은 척 될 수 있는 한 물감을 아껴가며 썼다. 아끼고 아꼈지만, 물감은 금방 바닥나 버렸다. 튜브를 아무리 쥐어짜도 피식거리며 방귀만 뀔 뿐 물감을 밀어내 주지 않았다. 엄마한테 물감 이야기를 했지만 돌아오는 것은 푸념이었다. 울상이 된 내게 엄마는 책상 서랍에서 오빠가 쓰다 만 딱딱하게 굳어버린 포스터물감을 찾아주셨다. 결국 가뭄에 쩍쩍 갈라진 논바닥처럼 되어버린 포스터물감을 들고 대회에 나갔다. 선생님과 남산에 도착했을 때 다른 학교 학생들은 이미 야외용 이젤을 펴놓고 준비하고 있었다. 나는 교복 치마를 입은 채 땅바닥에 앉아 화판을 무릎에 올려놓았다. 종이가 배부되자 학생들은 마치 마라톤 선수가 출발 신호에 맞춰 달려 나가듯 부지런히 그림을 그려갔다. 스케치를 마치고 작은 물통에 물까지 떠 왔지만 말라비틀어진 포스터물감을 꺼낼 용기가 나지 않아 주저주저하다가 한쪽 구석에 꺼내 놓고 채색을 시작했다.

"누가 풍경화를 포스터물감으로 그리냐?"

그림을 둘러보시던 선생님이 툭 던져놓고 가신 말씀에 나는 새빨개진 손으로 물감 뚜껑을 닫았다. 그림을 완성하려면 친구들에게 물감을 빌려야 하지만, 말할 용기가 나지 않았다. 화지 가득 그려놓은 풍경을 다 채색하기에도 부족한 시간이 그리기를 포기한 내게는 길고 지루한 시간이 되었다. 가만히 앉아 있기도 민망한 상황이었다. 자리에서 일어나 다른 아이들의 그림을 눈에 담고 다녔다. 친구들이 완성된 그림을 제출할 때 나는 미완성의 그림을 가방에 슬쩍 구겨 넣고 돌아왔다.

　고등학생이 되어서도 시간만 나면 책상에 걸린 가방, 운동장 풍경, 친구의 옆모습 등 눈에 보이는 것을 끄적거렸다. 영어 단어와 수학 공식이 가득 차야 할 누런 연습장이 그림으로 채워졌다. 일주일에 겨우 한 시간 있는 미술 시간을 수학 시간보다 기다렸다. 화실에 다니는 아이들이 나누는 대화를 귀동냥으로 듣고 화실은 어떤 곳일까 머릿속으로 상상해 보았다. 우리 집은 가난했다. 남들 다 사서 푸는 문제집조차 살 능력이 없어 오빠가 쓰던 문제집을 이리저리 뒤져가며 풀어야 하는 형편이었다. 전교생이 다 다닌다는 '대성학원'이 도대체 어떻게 생겼는지도 모르는 내게 미술 학원이나 화실은 꿈조차 꿀 수 없는 현실 이상의 공간이었다.

　교내 포스터 공모가 있었다. 미대 입시를 위해 중학교 때부터 화실에 다니던 아이들은 이미 작품을 준비하고 있었다. 선생님의 권유에 나도 출품하기로 마음을 먹었다. 포스터를 구상하고 채색까지 마쳤지만 통 마음에 들지 않았다. 비싼 포스터물감으로 채색한 아이들의 그림은 내 작품과는 비교가 안 될 정도로 완성도가 높아 보였다. 포기할까 하다가 방법을 바꿨다. 아무렴 어쩌랴? 일부 채색된 곳을 지워가며 무늬와 문구를 넣었다. 다른 아이들이 시도하지 않은 방법으로 포스터를 완성했다. 당선된 그림이 강당에 전시됐다. 전혀 기대하지 않았는데 아이들의 멋진 그림 사이에 내 그림도 전시되어 있었다. 미숙하기 짝이 없는 내 그림을 보고 미술 선생님은 칭찬을 아끼지 않으셨다.

학원과 개인 과외가 폐지되며 학교에서 미술반원을 모집했다. 화실을 다닐 형편이 아닌 내게는 절호의 기회였지만, 레슨비가 문제였다. 학원비의 반의반 값에도 못 미치는 레슨비는 물론이고 재료비도 감당할 형편이 되지 못했기에 일찌감치 포기해 버렸다. 미술 선생님은 레슨비를 내지 않는 특혜를 주셨다. 꿈같은 일이었다. 용돈을 모아 화방에서 잠자리가 그려진 연필과 지우개를 샀다. 잠자리가 그려진 연필로는 선이 날렵하게 그어졌고 겹쳐 그어도 덧칠이 됐다. 기초 석고 데생이 끝나고 흥분된 마음으로 아그리파상을 그렸다. 면을 분할하고 선을 반복해 덧칠하는 나와 달리 친구들은 시커먼 숯같이 생긴 나무로 형태를 잡고 손으로 뭉개는데 신기하게도 멋진 아그리파가 나왔다. "그게 뭐야?" 갓 상경한 촌뜨기처럼 물어보는 나를 향해 아이들은 같잖다는 듯 목탄을 구경시켜 줬다. 연필을 앞으로 내밀어 각도를 맞추는 내 손이 부끄러웠다.

운동장에 있던 해가 담장 밖으로 넘어가면 아이들은 물감 묻은 앞

치마를 입은 채 교문 앞 분식집을 찾아 나갔다. 아이들이 떡볶이를 사 먹을 때 나는 혼자 미술실에 앉아 그림을 그렸다. 그렇게 시간이 지나 감에 따라 내 이젤의 위치가 점점 뒤로 밀려갔다. 공짜 청강생이라는 친구들의 수군거림에도 의연하게 앉아 그림을 그릴 자신이 없었다. 이젤이 더 이상 밀려날 공간이 없어지면서 미술실에 가는 것이 싫어 졌다. 선생님의 호의에도 부응하지 못하는 의지가 약한 아이라고 야 단쳐도 어쩔 수 없었다. 그림을 그리고 싶다는 마음과는 달리 선생님 의 눈길을 피해 다녔다.

"어멈 그림 참 잘 그리네."

다시 그림을 시작한 건 결혼하고 둘째가 걷기 시작할 무렵이었다. 에너지 넘치는 큰아이와 뭐든 탐색하는 것을 좋아해 조금도 쉼 없이 사부작거리는 둘째를 키우면서도 순간순간 그림이 그리고 싶었다. 아이들이 잠자는 시간은 육아에 지친 내게 휴식이고 해방의 시간이었다. 빨래며 청소는 미뤄두고 방바닥에 물감을 펼쳤다. 낮잠 자는 아이들의 고른 숨소리를 들으며 그림을 그렸다. 짬 시간마다 열심히 그려도 그림은 더 나아지지 않았다. 아이들이 문제가 아니었다. 천재가 아닌 이상 열정만으로는 그림을 그릴 수 없다. 배워야 한다. 어떻게? 걷기 시작한 둘째를 데리고 이곳저곳 화실을 돌아다녀 보았다. 빤한 살림살이에 레슨비가 만만치 않았고 그나마 레슨비가 적당하다 싶으면 젊은 강사가 나 같은 아줌마를 불편해했다. 무심코 백화점에서 나눠주는 전단을 보다가 문화센터에 수채화 강의가 있다는 것을 발견했다. 시간도 수강료도 내게 아주 적합해 보였다. 전후 상황을 생각하지도 않고 무조건 문화센터에 등록했다. 첫째는 어린이집에 보내고 둘째를 데리고 문화센터에 갔다. 그곳 수강생 중에는 미술 전공자들이 제법 많았다. 여기서도 역시 나는 미운 오리 새끼가 된 듯했다. 게다가 어린 딸을 데리고 그림을 그리러 가니 여간 미안한 게 아니었다. 처음엔 엄마가 그림을 그릴 수 있도록 잘 버텨주던 딸아이는 시간이 지나면서 수시로 '엄마'를 불러댔고 사부작거리며 방해하기 시작했다. 3개월을 어찌어찌 버텨보았지만, 재수강할 용기는 나지 않았다. 다시 빙하기가 시작되었다.

결혼과 동시에 퇴직하면서 현모양처로만 살겠다고 다짐했었다. 남의 아이들이 아닌 내 아이들만 열심히 키워보겠다는 야무진 다짐은 안개처럼 사라지고 6년 만에 다시 직장을 다니게 되었다. 일과 육아를 겸해야 하는 힘겨움에도 그림을 배우고 싶다는 열의는 높아져 호시탐탐 기회를 노렸다. 둘째가 초등학교에 다니기 시작하면서 기어이 문화센터 토요 직장인반에 등록했다. 토요일에도 아이들이 학교에 가던 시절이었다. 주 5일 근무하는 나는 아이들을 학교에 보내고 문화센터로 달려갔다. 거실 귀퉁이에서 혼자 헤매던 그림에 날개를 달게 됐다. 그림이 현저하게 좋아졌다. 선도 색도 달라지고 작품이 나오기 시작했다. 그즈음 시댁에 어려운 일이 생겼다. 갑자기 당신이 나고 자란 집을 잃어버리신 시부모님은 우리 집으로 짐을 싸 들고 오셨다. 돌아

서면 엉덩이가 부딪히고 한숨 소리도 숨길 수 없는 좁은 집에 여섯 명
으로 늘어난 대가족이 살게 됐다. 낮에는 어린이집에서 진을 다 빼고,
퇴근해선 시부모님을 모시느라 몸속에 남아 있던 모든 진액이 빠졌
다. 시부모님과 함께 살게 된 토요일에도 눈치를 살펴가며 화구 가방
을 쌌다. 하루도 쉬지 못해 몸은 천근만근이었지만 그 시간만큼은 하
늘을 날았다. 나의 해방구는 그림이었다.

"쉬는 날 애들이나 볼 것이지 무슨 그림을 그리러 간다고 난리냐!"
토요일 아침마다 식구들을 남겨둔 채 바람난 여편네 모양으로 화구
를 챙겨 들고 나가는 며느리를 아버님은 마뜩잖아 하셨다. 다행히 남
편은 내 편이 되어 거들어주었다. 아버님의 헛기침 소리가 유난히 큰
날에도 어머님의 표정이 상태 흐림을 알려주는 날에도 토요일 아침이
면 문화센터로 갔다. 출근하는 며느리이지만 시부모님과 식구들의 아
침, 저녁은 물론이고 모든 집안일을 내 손으로 했다. 설거지를 마친
늦은 저녁이면 거실 귀퉁이에 이젤을 펴놓고 그림을 그렸다. 낮 동안
아이들과 부대끼느라 쌓인 피로는 신기하게도 그림을 그리며 씻겨 나
갔다. 뭐라 하시던 아버님도 이젤에 놓아둔 그림을 멀찍이서 감상하
셨다.
"어멈 그림 참 잘 그리네."

40년 전 그토록
가고 싶던 미대 입성,
드뎌 '미대 언니'가 되다

　토요일마다 문화센터를 다니기 시작한 것이 20년. 그림을 그린 시간을 따지면 몇 년이 되지 않지만, 강산이 두 번이나 바뀌는 동안 문화센터를 다녔다. 몇 년 전 천국에 가신 L 선생님께 오랜 시간 그림을 배웠다. 세련된 모습의 선생님을 기대하며 찾아간 문화센터에서 세련은 고사하고 늙수그레한 아저씨를 선생님이라고 소개받고는 적잖이 실망했었다. 손으로 쓱 넘겨버리는 긴 머리에는 금방이라도 새가 날아와 둥지를 틀 것 같았고, 매주 같은 옷을 입고 오시는 듯한 무심한 옷차림에 항공모함 같은 신발까지 영락없는 시골 아저씨였다. 키다리 아저씨 같은 선생님께 반전의 매력이 있다. 물감을 툭툭 찍어 혼합하시면 어떻게 저런 색이 만들어질까 감탄이 나왔다. 선생님의 붓이 지나가기만 하면 죽어가던 그림이 소생됐다. 장작을 팰 것 같은 손에서 섬세한 표현이, 돌쇠 같은 목소리에서 문학소년이 튀어나왔다. 가끔

장사익의 노래에 빠져 헤어 나오지 못하실 때를 빼놓고는 늘 우리에게 선생님은 영원한 미대 오빠였다. 선생님의 붓 터치를 옆에서 지켜보기만 해도 공부가 됐다. 그림 실력이 늘면서 선생님이 소속된 미술협회나 선생님의 제자가 소속된 미술협회에서 개최하는 공모전에 출품하게 되었다. 크고 작은 공모전에 출품해서 여러 가지 상도 받을 수 있었다. 그러다 보니 가끔은 내 그림을 보고 종종 자아도취에 빠졌다. 우물 안 개구리가 되는 것 같았다. 인맥으로 점철된 협회 공모전 말고 나를 전혀 알지 못하는 비교적 객관성이 보장된 공모전을 찾아보았다. 선생님과 연결 없이 고용노동부와 KBS가 주최하는 근로자 미술제에 출품했다. 막상 출품했지만, 자신은 없었다. 일하면서 그림을 그리는 사람들이 생각보다 많았다. 실력도 프로 못지않았다. 장래 희망란에 수도 없이 '화가'라고 적었던 사람들이 많았던 모양이었다. 형편상 미대에 진학하지 못한 사람들이며 뒤늦게 취미로 그림을 그리기 시작한 사람들이 화가 못지않은 실력을 갖추고 있었다. 첫 출품에 감사하게도 동상을 수상했다. 동상을 받고 보니 쌓이는 뱃살 못지않게 자만심이 쌓여갔다. 다음 해엔 미술 부문에 대상이 주어지는 해였다. 대상 상금이 무려 천만 원. 그 상금은 마치 나를 위해 준비된 것 같았다. 대상을 받으면 뭐라 인사를 해야 하나? 상금으로 무얼 할까? 고민하며 출품했다. 기대가 크면 실망도 큰 법. 그해엔 보기 좋게 낙선했다. 입선의 영광 대신 자동으로 겸손이 선물로 주어졌다. 그림도 마음도 비우는 것이 중요하다는 것을 알게 됐다.

　30년 넘게 하던 일을 멈췄다. 퇴직하고 그림을 마음껏 그릴 수 있겠
다고 생각했는데 몸에 이상이 생겼다. 누구보다 건강은 자신이 있었
다. 퇴직 후 잘 먹고 잘 쉬니 살이 야금야금 쪘지만, 태초부터 예정된
튼실한 몸은 피로 따위도 몰랐다. 태산을 넘고 험곡에 가도 살아남을
힘을 가진 나였다. 삶이 늘 평탄하지 않아 산전수전에 공중전까지 겪
으면서도 의지의 한국인으로 잘 살고 있었다. 그런 내가 암에 걸렸다.
암을 판정받고 나니 내 의지와 상관없이 세상이 돌아갔다. 수술 날짜
가 잡히고 입원과 수술, 퇴원까지 순식간에 이루어졌다. 그리고 회복
의 시간이 왔다. 몸은 수술 흔적으로 엉망이 되었는데 신기하게도 그
시간 그림을 그리고 싶었다. 피식피식 꺼져버리는 기운을 가까스로
내가며 그림을 그렸다. 밝음은 밝음대로 어둠은 어두움 그대로 채색
했다. 맑게 퍼지는 푸른색, 칠흑처럼 어두운 검은색이며 화사하기 그
지없는 노랗고 붉은 색, 조색이 잘못되어 걸레를 빨아놓은 구정물 같
은 색까지도 화지에 칠해지는 순간순간 마음이 편안해졌다. 암 투병
중인 지인에게 해바라기를 그려주며 응원하던 손으로 나를 위로하는
그림을 그리게 되었다. 그동안 그림을 그려온 것이 어쩌면 이때를 위
함이 아니었나? 그렇다면 그림을 포기하지 않기를 정말 잘했다는 생
각이 들었다. 그림은 누구에게 보이고 평가받기보다 나를 위로하는

것이었다.

참견하고 간섭하는 엄마를 용납하기엔 아이들의 머리가 너무 커버렸다. 그들에게 내가 필요할 때는 어쩌다 일찍 온 배고픈 날 정도다. 빈 둥지는 청소할 필요도 없으니 손쓸 시간은 줄고 무의미한 시간은 늘어났다. 몸도 제법 회복되었고 이제 그림만 그리면 됐다. 그런데 시간이 많아질수록 오히려 그림 그리는 시간은 줄어들었다. 휴일이면 들로, 산으로 나가 놀아야 하기도 하고 친구들과 수다 삼매경도 빼놓을 수 없는 힐링의 시간이기 때문이다. 전엔 '일하지 않고 매일 그림만 그릴 수 있다면 얼마나 좋을까?' 생각했었다. 막상 시간이 생기니 오히려 간절함은 사라졌다. 그림이 어느덧 일 순위에서 밀려났다. 함께 그림을 그리던 회원들이 전시회를 통해 그림을 파는 모습이 그렇게 부러울 수 없었다. 나름의 연륜이 쌓이니 어느덧 전공자 코스프레를 하고 있었다. 전시회에 관심이 쏠리고 그림을 산다는 사람이 생기면 그걸 맞추느라 전전긍긍했다. 어느 날 지인이 내게 그림을 팔라고 연락해 왔다. 막상 그림을 팔라는 말에 미안한 생각이 들었다. 그림을 팔 수는 없고 그냥 선물하겠다 했더니 이제는 그림을 돈 받고 팔 정도가 됐다며 당당히 돈을 받으라고 했다. 처음 그림을 판 돈으로 원 없이 재료를 샀다. 내 그림을 가지고 싶은데 말 못 하고 있던 다른 지인도 그림을 팔 것을 권했다. 조금 후엔 일면식도 없는 분이 단지 내 그림을 보고 자신이 원하는 것을 그려달라고 했다. 드디어 내 그림도 팔려나가는구나! 감격할 틈도 없이 부끄러움이 몰려왔다. 더 잘 그렸으면 좋겠다는 욕심이 생기기 시작했다. 그럴수록 그림은 머뭇거렸다. 겉멋은 들고 실력은 나아지지 않았다. 문제는 기초였다. 보기 좋게만 그렸지 그림에 깊이가 없었다. 공기만 가득 채운 풍선처럼 알맹이 없이 겉멋만 들어 있는 나를 발견했다. 고작 어릴 적 미술반에서 몇 달 배운 기초 데생과 20년간 문화센터를 다니며 배운 어쭙잖은 실력이 다였다. 지식도 실력도 모래 위에 세운 집에 불과했다.

내 속을 잘 간파한 친구가 내게 제대로 배워볼 것을 권했다.

"이 나이에? 그렇다고 벌어놓은 돈이 있는 것도 아니고, 있는 건 시간뿐인걸?"

"방법이야 찾기 나름이지."

거뜬히 백 년을 사는 시대가 되었다. 그러고 보면 나는 겨우 반을 조금 넘게 살았을 뿐이다. 시간을 선물 받았고 몸은 노쇠하지 않았으니, 이제라도 늦지 않았다. 여든이 돼서야 노동에서 해방되어 아들이 그리던 붓을 들고 그림을 그리기 시작한 김두엽 할머니, 류머티즘 관절염이 심해져 바늘구멍에 실을 끼울 수 없게 되자 칠십 후반에 바늘 대신 붓을 들고 그림을 그리기 시작한 모지스 할머니가 생각났다. 너무 늦을 때란 없다는 절절한 외침이 들려왔다. 이왕이면 기초를 다지고 분명한 개념을 가지고 그림을 그려보자.

　H대학교 학점은행제 회화 과목을 수강하기 시작했다. 이곳에서는 학위 수여 요건에 맞는 학점이 충족되면 교육부에서 주는 학사 학위를 받을 수 있다. 드디어 '미대 언니'가 된 것이다. 실기 과목은 그럭저럭 자신이 있었다. 드로잉 1, 2, 기초회화, 회화 1, 2는 모두 A+를 받았다. 문제는 이론 과목이다. 비밀번호가 생각나지 않아 계정을 수도 없이 다시 만들어야 하는 것은 물론 집 현관 키 번호도 부지기수로 까먹는 내게 미술사는 고난의 시작이었다. 고흐나 고갱, 마네와 모네, 렘브란트 정도의 그림은 다 외울 수 있지만 기타 등등의 수많은 화가의 이름은 물론 그림도 외워지지 않았다. 미술사의 흐름을 이해는 해도 외우는 것과는 별개다. 수강생 중에는 자신의 이력에 H대 미술학사 수료라는 한 줄을 쓰기 위해 몇 년간 힘들여 수업을 듣는 사람들과 대학원 진학을 위해 수강하는 사람들이 제법 많았다. 모든 과목을 다 수강하려면 시간도 시간이고 비용도 만만치 않았다. 정말 필요한 것은 학위가 아니다. H대 부설 미술평생교육원에서 회화 과목을 수강하기로 방향을 바꿨다. 점수에 촉각을 곤두세우고 있던 학점은행제 수업과 달리 평생교육원에서는 그림을 위한 그림을 그릴 수 있었다. H대 대학원 교수로 계시다가 퇴직하신 교수님의 지도를 받게 됐다. 수채화에서 유화로 방향을 바꾸면서 헤매던 것이 차츰 자리가 잡혀갔다. 교수님이 해주시는 한마디 한마디로 느낌이 달라졌다. 그림의 주

제가 더 확실히 잡힌다면 더할 나위 없겠지만 서두르지 않기로 했다.

사십 년 전 그토록 오고 싶었던 학교였다. 실기실에서 그림을 그리는 내 모습은 감격 그 자체였다. 물감이 잔뜩 묻은 앞치마를 입고 커다란 캔버스를 옮기는 어린 학생들과 교정에서 마주칠 때면 그들의 현재가 부러워 한참을 바라보다가 지금의 나라고 모자랄 것 없다는 생각이 들었다. 문득 교회 지하 기도실에서 "하나님 그림을 그리고 싶어요." 울며 기도하던 십 대의 어린 내 모습이 회상됐다. 하나님은 오랜 시간이 지난 뒤 그 땅을 밟게 하셨다. 늦은 응답에는 하나님의 뜻이 있었을 것이다. 지난 시간의 삶이 내게 꼭 맞는 삶이었고 지금의 모습 역시 내게 가장 어울리는 삶일 것이다. 좋아하는 그림을 마음껏 그릴 수 있고 그림으로 위로를 받을 수 있다는 것만으로도 감사할 일이 아닌가? 첫사랑을 하듯 애틋하고 간절한 마음으로 그림을 그리기로 했다. 간절함을 이길 당연함은 없으므로.

엄마의 푸르던 날을
그려드린다

　올케가 학교를 퇴직하면서 엄마의 일이 없어졌다. 매일 오빠네 집으로 출근해서 집안일과 손주들을 돌보시던 엄마는 직장을 잃어버렸다. 엄마 손을 거쳐야 돌아가던 일이 엄마 없이도 잘 돌아갔다. 일이 없어져 홀가분해 하던 것도 잠시 엄마는 심한 몸살을 앓기 시작했다. 엄마에겐 적잖은 충격이었던 모양이었다. 엄마가 좋아하시는 꽃 구경을 해도, 맛난 음식을 사드려도 잠깐 기분이 회복되는가 싶더니 결국 자리를 펴고 눕는 날이 많아지셨다. 소설로 써도 몇 권이 나올 정도의 파란만장한 삶을 살아온 엄마의 노년이 애달팠다. 수렁으로 빠져드는 듯 몸이 바닥으로 가라앉을수록 엄마는 아빠를 그리워했다. 엄마는 앨범을 뒤져 옛날 사진을 찾았다. 손바닥보다도 작은 흑백사진을 확대해 벽에 걸어놓고 그걸 바라보며 허전함을 달래셨다. 엄마, 아빠의 푸르던 시절이 고스란히 담긴 사진이었다. 중절모를 쓰고 양복을 입은 훤칠한 키의 아빠는 옛날 배우 그레고리 펙 같은 모습이다. 그 옆에 적당한 키에 용모가 고왔던 엄마도 하늘하늘한 한복 치맛자락을 날리며 행복에 겨워 걷는 모습이다. 밝게 웃으며 걷는 두 분의 모습이 마치 영화의 한 장면 같았다. 아빠의 술주정으로 고달픈 삶을 살았던 엄마에게도 이런 날이 있었구나 싶었다. 아마도 엄마는 그 푸르던 날의 행복을 아빠와 함께한 인생 전체로 기억하고 싶으신 모양이었다. 청승맞게 그걸 왜 보고 있냐고 면박을 주면서 슬쩍 핸드폰으로 사진을 찍어왔다. 엄마, 아빠의 곱고 푸르던 날을 그려드리고 싶었다. 엄마, 아빠의 그림을 그리다 보니 두 분의 푸르던 날이 어제 일 같이 느껴졌다. 엄마의 모습을 그린 그림을 그냥 보여드리기보다 전시장에서 마주하게 해드리고 싶은 욕심이 생겼다. 전시할 방법을 모색했다. 개인전을 열고 싶지만, 전시장을 채울 그림도, 시간도, 재력도 없다. 그렇다면 방법은 공모전을 통하는 것이 최선일 것이다. 다양한 공모전이 있지만 날짜가 맞으면 그림 크기가 맞지 않고 그림 크기가 맞으면 날짜가 맞지 않았다. 공모전에선 50호에서 100호 크기의 그림이 기준인데 내 그림은 30호다. 과감하게 그림을 뜯어 50호 패널에 붙이고 연장해서 그렸다. 모노 톤의 그림 가장자리를 푸른색으로 채색하고 출품했다. 출품할 때면 늘 똥 마려운 사람이 화장실에 들어갈 때처럼 간절하다. 입선이라도 되면 좋겠다 싶었다. 그래야 그림을 그린 목적을 이룰 수 있으니. 그러면서도 은근히 마음 한구석에선 이왕이면 큰 상을 받을 수 있기를 기도했다. 1차 결과가 나오고 최종 결과를 기다리는데, 결국 입선에 그쳤다. 서운함이 없지 않았다. 그래도 그림의 목적은 전시에 있었으니, 그것만으로도 감사할 일이다.

"엄마가 어지러워서 교회도 못 오셨어. MRI상으로도 특별히 나쁜 게 없다는데 일어나질 못하시네. 너희들도 자주 좀 들여다봐." 오빠한테 연락이 왔다.

"전정기관에 또 문제가 생겼나?"

어지러워 토하기도 하시고 못 일어나는 일이 잦아진 것이 보름쯤 됐다.

"니들 걱정 끼쳤네. 나는 다 아는 꾀병이야. 이렇게 멀쩡하다가 아프다 하잖냐?"

걱정하는 아들, 딸을 오히려 위로하며 괜찮다고 하지만 엄마가 교회에 못 갈 정도면 심각한 것이다. 전시일이 다가오고 있었다. 전시는 일주일간 하는데 그동안 엄마가 좋아지시길 기다렸지만, 나아질 기색이 보이지 않았다.

"엄마 단풍이 무지 예뻐. 단풍 구경도 할 겸 미술관에 갈까?"

"아침에도 두 번이나 토했어. 다음에 가자."

"에고. 다음에는 끝나는데."

"오늘은 좀 힘들어. 나 그냥 쉴래."

그깟 그림이 대수가 아니었다. 서프라이즈고 뭐고 엄마를 전시장으로 모셔가는 걸 포기해야 했다. 핸드폰에 찍어놓은 그림을 보여드리며 전시회 이야기를 해드렸다.

"야 야, 가자. 미술관."

그림을 보더니 늘어졌던 엄마 다리에 힘이 생겨났다. 예술의전당 한가람 미술관 2, 3, 4층을 이용해 성대한 전시회가 펼쳐졌다. 그 많은 그림 중에 엄마는 용케도 내 그림을 찾아냈다. 전시관에 전시된 그림을 보자마자 엄마는 나를 끌어안고 우신다.

"세상에 어찌 이걸 그릴 생각을 했냐? 고맙다. 고마워."

"아빠가 그놈의 술을 조금만 안 먹었어도 너 그림 공부시켰을 텐데."

"아냐 엄마. 그때 그림 공부 못해서 지금 더 열심히 그리는 거야."

"니네 아빠, 그 옛날에도 멋쟁이였어."

엄마는 아빠 이야기를 이어가신다. 당신의 과거를 바라보며 과거 속의 이야기를 하나씩 꺼내 말씀하신다. 내 그림을 구경하는 관람객들에게 저 그림 속 모델이 당신이라고 내 딸이 그림을 그려줬다고 자랑도 잊지 않으신다.

"엄마, 다른 사람들 그림이 워낙 좋아서 내 그림은 좀 초라하지?"

"아니. 난 내 딸 그림이 최고다."

'문센' 동기들과
마음을 나누다

문화센터는 4분기별로 회원을 모집한다. 특히 한 해가 시작되고 3월 학기가 되면 새로운 다짐으로 등록하는 사람들이 많아진다. 오랜 기간 문화센터에 다니다 보니 여러 유형의 사람들을 두루 섭렵할 수 있었다. 개강 후 몇 주가 지나면 오래갈 회원과 한 한기만 다닐 회원, 3개월도 다 채우지 못할 회원의 구별쯤은 간단히 이루어진다. 간혹 기초가 탄탄한 사람들이 오기도 하는데 지난날의 나처럼 겉멋만 잔뜩 들어버린 사람들도 있다. 다양한 실력의 사람들이 오기에 선생님은 신입 회원에게 자기 마음대로 그림을 그려보도록 하신다. 아마 선생님은 연필 선 한 줄만 그어도 실력이나 감각을 아실 것 같은데 조용히 기다려주신다. 그리고 다음 시간 무엇을 그릴지 말씀해주신다.

"선 긋기부터 시작하셔야 할 것 같아요. 이 방향으로 선을 계속 그으세요. 자, 손목을 이용하지 마시고 어깨와 팔을 이용하세요."

기존 회원들이 스케치를 마치고 채색에 들어갈 동안에도 신입 회원은 서걱거리며 선 긋기를 한다. 얼마나 힘들까? 그 마음 안다. 나도 그랬으니까.

"힘드시죠? 저희도 그 과정을 다 거쳐서 얼마나 힘든지 알아요. 어깨도 주물러가며 천천히 하세요. 돌아다니며 다른 회원들 그림도 구경하시고요."

낯선 사람이 건네는 말에 위로받은 신입 회원은 미소를 보이며 어깨를 주무른다. 몇 주를 계속 선 긋기만 시켜도 묵묵히 따라 하는 사람들은 오래갈 사람들이다.

"이거 언제까지 해요? 전에 다니던 데서는 채색까지 했는데요."

투시는 물론 형태도 바로잡지 못하고, 선 긋기도 훈련되지 않은 실력인 것 같은데 아마도 첫 스승을 잘못 만났던 모양이다. 그림을 그린다기보다 잔재주로 물맛을 내려 하는 것이 내 눈에도 보이니 선생님은 오죽 잘 아셨을까? 주둥이 물고기처럼 댓 발이나 나온 입을 한 채선을 긋던 회원은 얼마 안 가서 얼굴이 보이지 않는다.

한 번은 제법 그림을 잘 그리는 분이 등록하셨다. 그림을 보는 사람마다 칭찬을 아끼지 않으니, 칭찬을 받는 사람도 옆에서 지켜보는 사람도 기분이 좋아졌다. 성품도 차분하고 조색도 잘하셨다. 그림은 그리는 것 못지않게 끝낼 시점을 찾는 것 또한 중요하다. 더 그릴지, 그만 그릴지, 잠시 멈췄다가 다음에 다시 그릴지를 정하는 것은 본인의 몫이다. 잘 그려가던 회원의 그림에 마무리 단계에서 브레이크가 걸렸다. 선생님은 어둠을 조금 더 강조한 뒤 하이라이트를 주라고 하셨는데 한참이 지나도록 그림이 멈춰 있었다. 결국 선생님께서 마무리해주셨다.

"겁내지 말고 그리세요."

"저는 마무리 단계에서 꼭 틀려버리더라고요."

"그림에 틀리는 것은 없습니다. 정 안 되겠다 싶으면 제가 고쳐드릴테니 겁내지 말고 마음껏 그리세요."

"어머 그리고 보니 선생님이 의사시네요. 제 그림을 고쳐주셨어요."

"너무 엉망이 되면 제가 고쳐드리지만 혼자 마무리까지 하는 것이 제일 좋습니다."

처음 바이엘을 배울 때 아이들은 '도 솔 미 솔~' 하며 겨우 피아노를 '딩동'거려도 선생님이 옆에 앉아 반주를 넣어주시면 아이들은 마치 자신이 대곡을 연주하는 착각에 빠지면서 피아노에 자신감이 붙는다. 미숙한 솜씨로 그린 그림에 선생님의 붓 터치가 화룡점정이 된다. 배밀이를 하던 아가가 기다가 서고 급기야 걷고 뛰는 과정이 필요하듯이 그림도 마찬가지다. 다만 심한 욕심은 금물이다. 아가가 바로 걸을 수 없다는 것을 마음에 새기기만 하면 될 것 같다. 신입 회원들을 볼 때마다 어느 날 갑자기 '뿅' 하고 일필휘지하기를 바라던 나의 올챙이

적 시절이 생각나 웃게 된다.

문화센터에 젊은 여자분이 팔순의 노모와 함께 오셨다. 미술에는 취미도 없는 따님이 노모를 모시고 와서 함께 그림을 그리는데 노모의 스케치 실력이 따님의 실력보다 나았다. 어린아이가 손과 눈의 협응을 익혀가듯 어눌한 분위기의 노모가 주름진 손으로 선을 긋는다. 선이 조금 흔들릴 뿐 초급 실력은 넘은 듯 보였다. 노모는 그림 그리는 것을 좋아했단다. 팔순의 노모는 조용히 앉아 그림을 그리다가도 딸에게 다소 엉뚱하게 느껴지는 질문을 반복해서 했다. 옆에서 취미도 없는 그림을 그리느라 진땀을 빼던 따님은 짜증도 내지 않고 처음 듣는 질문인 양 대답하고 또 대답했다. 노모의 집중 시간이 짧은 탓에 따님은 엄마를 부축해 회원들의 그림을 구경시켜 드리기도 하고 따끈한 차를 타 드리기도 하며 시간이 천천히 흘러가도록 애를 쓰는 것이 보였다.

"제가 그림을 좀 봐 드릴게요. 요기만 조금 고치면 좋을 것 같아요."

노모가 차분히 그려놓은 그림에 선생님의 화룡점정이 더해지니 그림이 살아나는 듯했다. 노모는 달라진 자신의 그림이 만족스러우셨던 모양이다.

"○○아, 선생님께 감사하다고 인사 전해줘."

"알았어."

당신이 직접 인사를 드리지 못한 노모는 따님을 시켜 인사를 하도록 했다.

"선생님께 감사하다고 인사드려."

"아까 했어요."

노모는 집착에 가까울 정도로 반복해 말하고 또 말하며 얼굴을 찡그리셨다. 나 같으면 반복되는 말에 짜증이 날 법도 한데 따님은 조용히 반복해서 대답했다. 노모에게 얌전한 치매가 찾아온 모양이었다. 딸은 그림을 그리면 노모의 치매 진행을 늦출 수 있을까 하는 한 가닥 소망을 가지고 문화센터에 왔다. 어쩌면 팔순의 노모는 어린 시절 화가의 꿈을 가지고 있었을는지도 모른다. 늦은 날 이젤에 앉아 그림을 그리고 있는 노모의 모습은 딸에게도 작은 위로가 되었던 것 같았다. 아쉽게도 노모는 두 학기를 다니시고는 다시 등록하지 않으셨다. 아마도 증상이 더 심해지지 않으셨을지 미루어 짐작해 볼 뿐이다.

화투를 치면 치매에 걸리지 않는다고 하여 노인정에서는 십 원짜리 고스톱으로 소일을 삼으신다는 얘기를 들었다. 그러다 간간이 싸움이 나기도 한다는데 고스톱보다 조금 고상한 것이 그림 그리는 것이지 않을까? 싶다. "치매에 걸리지 않으려면 열심히 그림을 그려야겠어." 라며 회원끼리 우스갯소리를 하기도 한다. 한 치 앞을 내다볼 수 없는 인생이지만 손 놓고 있지 않고 예방해야 한다면 그림을 그리는 일이 그 일이 될 수도 있을 것 같다. 사물에 대한 관찰력, 집중력 손과 눈의 협응은 물론 소근육 운동도 겸할 수 있으니.

부부가 등록하셨다. 전에도 부부가 등록했지만 얼마 가지 못한 경우가 종종 있었는데 이번은 달랐다. 부부가 퇴직하고 취미를 찾다가 그림을 그려보기로 했단다. 실력은 두 분이 팽팽했다. 고1 이후로 4B 연필을 잡아본 적이 없다는 부부는 '선 긋기'를 시작으로 석고 데생을 이어가는데 모자라는 실력에 비해 꾸준함이 있었다. 앉은자리에서 한 번도 일어나지 못하고 스케치북만 바라보시던 부부는 시간이 지나면서 간간이 커피도 마시고 다른 사람들의 그림도 구경하고 조언도 구한다. 부부가 취미를 공유하는 것은 쉽지 않은 일일 것이다. 함께 살아온 날들이 많아서인지 느리지만 꾸준하게 적응해 가는 모습이 보기 좋았다.

"저희는 언제 이렇게 그리게 될까요?"

"무리한 욕심만 내지 않으면 돼요. 저희도 태초부터 잘 그린 건 아니에요. 남들은 다 잘 그리는데 나만 늘지 않는 것 같고 도대체 뭘 하는 건지 방향을 못 잡을 때도 많았고 슬럼프에 빠져서 센터에 오기 싫을 때도 있었어요. 달팽이처럼 기어 오다 보니 오늘이 됐네요. 그런데 두 분은 금방 잘하실 것 같아요."

문화센터에 처음 오던 날을 생각하며 신입 회원들에게 내가 겪었던 어려움도 말씀드렸다. 도와드리고 싶은 마음이 많아서인지 말이 자꾸 길어졌다.

"죄송해요. '라떼'는 하고 시작하려는 건 아니었어요."

문화센터 미술 과목 수강생의 연령층이 다양하다. 이십 대부터 칠십 대까지 이런 혼합 연령의 모임은 어디 가도 잘 보지 못할 것이다. 다양한 나이와 달리 성별은 주로 여자들이다. 일명 아줌마 부대가 장악한다. 가끔 남자 회원들이 오기는 하는데 아줌마 등쌀 때문은 아니겠지만 얼마 못 가는 경우가 많다. 그림을 그리는 것이 정적이고 세밀한 부분이 있기도 하겠지만 성별을 떠나 꿈을 포기하지 않거나 끈기 있는 사람들이 주로 살아 남는다는 생각이 든다.

문화센터는 고시학원도 개인 화실도 아닌 만큼 손으로는 그림을, 입으로는 이야기꽃을 피울 때가 많다. 매주 토요일 같은 시간에 만나게 되니 웬만한 친구보다 관계가 더 좋기 마련이다. 그림을 그리며 옆 사람과 소소한 이야기를 나누다 보면 좁은 공간 안의 사람들이 이야기를 주워듣게 되어 자연스럽게 합류가 이루어진다. 모든 문화센터가 그렇지는 않겠지만 젊은 시절부터 오랜 인연이 된 회원들과는 매우 사적인 일까지 공유하며 희로애락을 자연스레 같이하게 됐다. 부모님 이야기, 자녀 이야기, 엊저녁 남편과 싸운 이야기, 주중에 있었던 화제를 비롯해 연예인 이야기 등 장르도 다양하다. 정치 이야기가 나오면 노선이 다른 사람들의 의견과 불똥이 튀겨 서로 얼굴을 붉힐 때가 있었고 위화감을 느끼게 하는 자랑질은 사촌이 산 땅이어서 배가 아픈 것이 아니라 다른 사람에게는 상처가 될 수도 있어서 누가 뭐라지 않아도 무언의 금기어가 되었다. 그렇다고 우울한 이야기, 위로받아야 할 이야기만 오가는 것은 아니다. 축하할 일이 있으면 서로 축하하고 자축의 의미로 간식을 내며 파티가 펼쳐지기도 한다.

"나는 그림 그리러 오는 게 아니라 말하러 오는 사람 같아."

그림은 뒷전인 채 주절주절 넋두리를 쏟아놓을지언정 모든 것을 넉넉히 품어주는 사람들이 모여 있어 괜찮다. 이곳에선 단지 그림만 그리는 것이 아니라 마음도 나누기 때문이다.

내가 그리는 그림 한 장이
나를 살게 해

인공지능이 아무리 발전해도 인간의 감성과 혼이 들어간 그림만은 AI가 해결하지 못할 것이다. 그러니 가장 늦게까지 살아남을 직업은 예술가 그것도 화가가 아닐까 생각했다. 생각의 속도보다 AI의 발전이 빨랐다. AI가 복제 아닌 창작물을 그려냈고 그 그림이 실제 공모전에서 1등을 차지했다. 게다가 단순한 창작을 넘어서 AI가 몇백 년 전 죽은 렘브란트를 잠시 살려내서 그림을 그리게 한 것이다. 인간의 감성을 빌려 그림까지 그려대는 AI와 동시대에 살고 있다는 것이 가끔은 소름 돋는다. 나는 겨우 기지개를 켜고 막 싹을 틔우려 준비하고 있는데 세상은 이미 꽃을 피우고 있다. 어쩌면 봄이 오기 시작한 거인의 정원에서 작은 나무 아래에서 울고 있는 아이처럼 나만 봄을 맞이하지 못하고 있는 건 아닐까. 세상은 바쁘게 돌아가고 사람이 5시간 걸려 그릴 그림을 AI는 단 5초에 그려내는 시대에 나는 여전히 슬로모

션으로 팔레트에 물감을 짜고 있다.

　여러 번 공모전에 입상해서 다양한 곳에서 전시했다. 경희궁 미술관이나 서울 시민청 미술관, 서울메트로미술관, 예술의전당 그리고 가장 많은 횟수로 전시를 한 곳이 인사동이었다. 공모전 그림이 전시되면 시상식에 참석하거나 가족들과 그림 앞에서 인증샷을 남기는 일이 고작이다. 마치 남의 전시장을 찾는 기분이었다. 지인들의 개인전에 갈 때마다 전시에 대한 갈망이 턱 밑까지 차올랐다. 그림을 액자에 넣는 일이 옷을 입히는 일이라면 전시는 아마 패션쇼쯤 되지 않을까? 그림은 거실 구석에 펼쳐놓았을 때와 전시장에 걸릴 때 그 느낌이 완연히 다르다. 한마디로 있어 보인다. 가끔 인사동에 가면 들르는 전시장이 있다. 그곳에서 관람할 때마다 여기서 내 그림을 전시하게 된다면 얼마나 좋을까 하는 생각을 하곤 했다. 드디어 꿈이 이루어졌다. 비록 개인전은 아니지만, 그룹전에 참여하게 되었다. H대 회화 K반 학생들이 코로나로 멈췄던 그룹전을 다시 하게 되었다. 부족하지만 나도 참석하게 되었다. 스무 명이 50호 이내의 그림을 각 두 점씩 전시하기로 했다. 설치를 위해 화요일 오후 전시장으로 향했다. 인사동은 외국 관광객은 물론이고 우리나라 사람들로 인산인해를 이루고 있었다. 갤러리를 향해 걸어가는데 관광객들 사이로 나이 지긋하신 어르신들이 작은 보자기나 뽁뽁이로 싼 캔버스를 들고 부지런히 걷고 계셨다. 보자기에 그림을 싸 들고 종종거리며 가시는 모습에 웃음이 나왔다. 갤러리를 향해 걸어가는 동안에도 비슷한 연배의 어르신들이 자꾸 눈에 띄었다. '뭘까? 인사동이 이 할머니 개미부대로 유지되는 건가?' 하는 의문이 생길 정도였다. 전시 장소로 가서 설치를 마치고 내려오는데 '개미부대'에 대한 의문이 풀렸다. 1층 전시실에서 '서울대 미대 여성 동문회전'을 설치하고 있었다. 어쩌면 왕년에 미술계를 수놓았을 수도 있는 분들이 지긋이 나이 들어서도 활동을 하시는 모양이었다. 나이가 들어서도 활동할 수 있다는 건 축복이다. 내게도 그런 축복이 있었으면 좋겠다는 생각이 들었다.

그룹전이니만큼 많은 사람이 관람했다. 그럴 때마다 그림에 대한 부연이 필요했다. 각자의 그림을 소개하는 모습을 보면서 나는 내가 표현하고자 한 것이 이게 맞나? 하는 의문이 들기도 했고 마치 생각을 그림에 끼워 넣는 게 아닌가? 하는 자아비판이 들어 얼굴이 뻘겋게 달아올랐다. 내 그림은 사람들에게 어떻게 받아들여지는지 궁금했다. 이번 전시에 양귀비 시리즈를 전시했다. 엄마와 제주도 여행 중 만났던 보리밭에 피어 있던 양귀비. 바람에 결결이 누워버린 보리 사이에 하늘거리면서도 꺾이지 않고 피어 있던 양귀비. 엄마의 숨결 같기도 했던 양귀비의 모습이 사람들에겐 어떻게 전달되고 느껴졌을까? 전시 내내 생각해 보니 다른 사람이 아닌 내 마음에 이미 양귀비가 들어와 있었다. 그것만으로 충분하다는 생각이 들었다. 전시장에 걸려 있는 내 그림을 보면서 가슴이 터질 듯한 감사로 황홀했다. 아침에 전시장 문을 열고 종일 그림 속에 앉아 있다가 저녁에 전시장 문을 닫고 있는 내가 사랑스러웠다. 마치 메트로폴리탄 미술관의 경비원 패트릭 브링리가 된 듯 일주일이 행복했다.

어릴 적 친구들이 정렬의 붉은 장미를 좋아할 때 나는 청승맞은 달맞이꽃을 좋아했다. 내 안의 패배 의식과 낮은 자존감이 달맞이꽃에조차 감정이입이 되었던 모양이다.

"구질구질하게 왜 그런 걸 그려요? 좀 밝은 기운이 드는 걸 그려봐요."

녹물이 줄줄 떨어지는 녹슨 배, 후미진 골목길, 다 쓰러져가는 시골집, 전봇대, 달동네, 쑥부쟁이, 보리밭 사이 흔들리는 양귀비 등을 그리는 나를 보고 사람들이 말했다. 밝은 걸 그려보라고. 구질구질한 걸 그려서 집에 걸어놓기나 하겠냐며. 내가 좋아한다고 다 그려지는 것도 아니고 일부러 밝은 기운이 나게 그려볼까 노력해도 결국은 어둠이 배경이 되어버리는 상황을 종종 경험한다. 다른 사람들 눈에 구질구질해 보이는 것이 내게는 정겹게 느껴지고, 가녀리고 힘없어 뭐에 쓰겠나 하는 소재가 내겐 위로가 된다. AI처럼 완벽한 그림을 그리지 못하고 작가들처럼 멋진 작품을 만들어 내지 못하지만 그림을 그리는 것이 미약할지라도 지금 내 삶엔 어쩌면 그리는 것 자체가 희망이다.

이중섭의 손바닥만 한 엽서 그림을 마주했을 때 몸에 전율을 느껴졌다. 장욱진의 그림에 반복되는 집, 까치, 사람 그리고 시간의 흐름에 따라 변하는 사인에도 마음을 빼앗겼다. 게티 미술관에서 렘브란트의 자화상을 보고 그 자리에 멈춰 섰을 때 그림이 주는 위로가 이런 것이구나 하는 생각을 했다. 마치 그가 나를 보고 웃어주는 것 같은 착각에 애인과 마주 섰을 때의 떨림과 수줍음으로 한 발짝 물러서 하염없이 멈춰 있고 싶었다. 세상 무엇보다 그림이 참 좋다.

어떤 이는 말 한마디로, 어떤 이는 토닥여주는 손짓으로, 어떤 이는 강한 포옹으로, 어떤 이는 따끈한 음식으로, 어떤 이는 손 편지로, 그리고 어떤 이는 명품 가방으로도 위로받는다. 내겐 그 위로가 곧 그림이다. 비록 구질구질하고 연약하고 보잘것없는 그림일지라도 누군가 내 그림으로 위로받는다면 얼마나 좋을까 상상해 본다. 그렇게 되지 않더라도 그림을 그리며 나 스스로 위로받으니, 그것만으로도 충분하다. 나는 왜 그림을 그리는가? 내가 그림을 그리는 본질은 무엇인가?

그것은 아마도 내가 위로받고 위로하는 것이 아닐까? 그것만으로도 존재 이유가 충분하지 않은가? 엄마는 가끔 좌절하는 나를 보며 '사람이 어떻게 위만 보고 살 수 있냐? 내려다도 보고 살아야지.'라며 위로 아닌 위로를 하셨다. 그럴 때면 왜 올려보면 안 되는 거냐고 오르지 못할 산은 없는 거라고 톡 쏘아 말하곤 했었다. 그림을 그린다는 것이 어떤 이들에게는 사소한 일일지 모르지만 내게는 저 높은 산이었고 소망이었다. 소망을 기도했고 기도하며 움직였다. 지나온 수많은 순간의 내가 지금의 내 모습을 만들어주었다. 지금까지 살아온 시간보다 턱없이 힘없는 시간을 앞으로 살아가게 될 것이다. 젊음이 점점 빠져나가지만, 그 자리에 삶의 연륜이 자리 잡을 터이니 나는 여전히 나로 살아갈 것이다. 나는 언제까지나 그림을 그리는 나로 살아갈 것이다.

마치는 글

우리들의 책은
이렇게 탄생했다

지난여름 운동하면서 유튜브 강의를 듣다가 귀가 번쩍 뜨였다. 고국의 스타 강사 K 님의 강의였다. 강사님의 메시지에 따르면 세상에는 두 종류의 사람이 있단다. 첫 번째는 태어날 때 품고 나온 재능을 하나씩 꺼내서 인생을 풍성하게 사는 사람이고 두 번째는 자신에게 어떤 재능이 있는지도 모르고 살다가 죽는 부류라고 했다. 무엇보다 사람은 태어날 때 몇 가지 재능을 가지고 태어나니, 그 재능을 하나하나 꺼내서 다 쓰고 가라는 당부였다. 강의를 듣던 순간, 나는 살아낸 반백 년, 그 삶의 궤적을 더듬기 시작했다.

반생을 돌아보니 아이들 뒷바라지와 밥벌이하느라 재능을 조금 썼다. 감사하게도 오십 대에 미처 발굴하지 못한 재능을 차근차근 꺼내어 용처에 맞게 쓰느라 몸도 마음도 바쁘다. 갱년기, 빈둥지증후군, 우울증 같은 오십의 불청객이 비집고 들어올 틈이 없다. 서울, 부산,

인천, 태평양을 건너서 미국의 애틀랜타까지 흩어져 사는 우리는 가슴에 묻어둔 꿈을 꺼내어 이루어가는 여정을 글로 썼다. 기질이 비슷한 사람끼리 만나듯이 열정의 온도가 비슷한 우리는 온라인에서 만났지만, 십 년 지기처럼 서로의 삶을 가감 없이 글방에서 나누었다. 올봄에는 공저라는 꿈 씨를 뿌렸다. 일곱 명이 꿈을 이루어가는 스토리에 생명을 불어넣고자 함께 물 주고 가꾸다 보니 봄이 가고 여름이 갔다. 수확의 계절 가을에 비로소 달콤한 열매를 맺고, 한 해를 갈무리하는 12월에 알토란 같은 열매를 따게 되었다.

전민정: 같이함께 가치담은 우리들의 이야기, 드디어 세상에 나오다!

오미경: 꿈이 현실이 되다니! 볼을 꼬집어 보니, 아프다.

임명희: 또 하나의 매듭을 묶으니 책이 되었다. 모두에게 감사한다.

김나경: 오십 대에 처음 가보는 길, 책이 나왔다! 더 가보자.

옐로우 캣: 문우들의 협력으로 완성한 담대한 도전이었다.

조진숙: 내 삶의 한 자락을 책으로 묶을 수 있어서 감사했다!

애나: 2024년 감사의 계절, 11월에 탈고하는 기쁨으로 '마치는 글'의 총대를 멨다.

오십 넘어 새로운 재능을 발굴하여 다이내믹한 삶을 사는 일곱 명, 글 쓰느라 애 많이 썼다! 스스로가 자랑스러운 일곱 명, 올해는 인생의 반환점에서 또 하나의 꿈을 따는 화양연화였다. 우리의 공저는 인생의 10대 뉴스 아니, 5대 뉴스 중 하나로 저마다 인생의 목걸이에 진주 한 알을 꿰어 넣었다.

치열한 삶의 현장에서 힐링이 필요하면 너나없이 우리만의 공간, 글방에 들어가 새 힘을 얻었다. 새 글이 올라오면 '좋아요'를 꾹꾹 눌러주고 댓글로 기운을 쏘아주었다. 우리의 책은 이렇게 탄생했다. 이제 오십 대가 두렵고 아프고, 누구랑 무엇을 하며 어떻게 살지 막막한 독자들께 날아간다. 부디 우리 일곱 명의 기운이 아직 잠자고 있는 독자들의 재능을 깨우고 꽃을 피우도록 톡톡 건드려주기를 간절히 바란다. '글을 쓰라고, 삶을 기록으로 남겨서 혁명하라.'고 정성껏 이끌어주신 한명석 선생님께 온 마음 다해 감사드린다.